吳淑玲◆策畫主編　萬榮輝等◆著

語文一把罩

九年一貫語文領域創意教學活動設計

【第二冊】

策畫主編簡介

吳淑玲

學歷： 東海大學中國文學碩士

經歷： 《國語日報》主編

　　　　僑委會中國語文教科書編撰

　　　　幼稚園評鑑委員

任教： 台北市立師範學院幼教系進修部

作者群簡介

姓名	學歷	經歷	現職
萬榮輝	國立台北師範學院課程與教學研究所	國小教師、組長、總務主任、教務主任、國民教育輔導團成員	桃園縣北門國小教務主任
魏慶雲	台北市立師範學院	國小教師、組長、代理主任	桃園縣北門國小教師
游美琦	私立淡江大學	國小教師	桃園縣北門國小教師
陳香吟	國立嘉義大學	國小教師	桃園縣北門國小教師
李燕梅	國立嘉義大學	國小教師	桃園縣北門國小教師
劉惠文	國立嘉義大學	國小教師	桃園縣北門國小教師
陳杼鈴	國立新竹師範學院	國小教師	桃園縣北門國小教師
陳芷珊	國立新竹師範學院	國小教師	桃園縣北門國小教師
周秉慈	國立嘉義師範學院	國小教師、組長	桃園縣北門國小教師
蔡佳珍	私立實踐大學	國小教師	桃園縣北門國小教師
吳美玲	國立台南師範學院	國小教師、組長	桃園縣北門國小教師
李秋蘭	私立輔仁大學	國小教師、組長	桃園縣北門國小教師
黃瓊惠	台北市立師範學院	國小教師	桃園縣北門國小教師
黃淑芬	私立淡江大學	國小教師	桃園縣北門國小教師
簡名崇	國立台灣大學	國小教師、組長	桃園縣北門國小教師
陳純慧	國立台南師範學院	國小教師	桃園縣北門國小教師
陳秀華	私立輔仁大學	國小教師	桃園縣北門國小教師
何鎔靜	國立嘉義大學	國小教師	桃園縣北門國小教師
黃葦菁	國立嘉義大學	國小教師	桃園縣北門國小教師
傅大銘	國立花蓮師範學院	國小教師	桃園縣北門國小教師
黃韻如	國立屏東師範學院	國小教師	桃園縣北門國小教師
林慈鳶	國立台東大學	國小教師	桃園縣北門國小教師
陳冠霖	國立新竹師範學院	國小教師	桃園縣北門國小教師
林幸言	國立屏東師範學院	國小教師	桃園縣北門國小教師

策畫主編序

冰雪聰明的專業教師團隊

　　一九九六年起，我每年帶一至二組不同的研究伙伴（她們都是資深又優秀的幼教教師），一起鑽研探討語文教學的新方案。其中研究主題包括生活唐詩、藝術與人文教學、名曲教學與遊戲、讀繪本遊世界、繪本主題教學資源手冊等。每個研究專案一至四年不等，樂見研究組員從大學到研究所，一路扶持與成長。

　　二〇〇三年，一次教師專業成長研習裡，我遇到一群「冰雪聰明」、有熱情、理想與衝勁的老師——來自桃園縣北門國小（「冰雪聰明」是這組研究老師的慣用語），意外地從「繪本閱讀與多媒體教學」研討中，展開老師們自發性的「資訊融入語文教學」行動研究。

　　結合全校教師電腦與資訊的專長、繪本閱讀的熱衷，以及對國小學童語文教學播種與深耕的共識，加上參與研究老師分別任教於一至六年級，語文、數學、自然、輔導各有專精，於是訂定出研究方法：

1. 閱讀各版本國小國語課本，彙整出三個面向，十八個主題（請參考：主題統整架構圖）。

　　⑴個體發展：生命成長、自我肯定、關懷與感恩、青春向前行、體驗生活（心情記事、生活點滴、快樂的玩）、從做中學。

　　⑵社會文化：四海一家、打造新社區、價值觀、人際溝通、歷史文化（鄉土）、互助合作。

　　⑶自然環境：大地之旅、海洋世界、植物世界、動物保育、台灣風情、海洋遊蹤。

　　含括語文、健康與體育、社會、藝術與人文、數學、自然與生活科技及綜合活動等七大學習領域。

2. 依國小學童低、中、高年級語文能力，細分主題閱讀教學，並進行行動研究與現場教學、拍攝、記錄、討論及分享。

3. 「青春新少年」單元乃一特例，其「初階、中階、進階」內容，分別以

四、五、六年級學生為主。

4.最後進行閱讀主題撰寫，共設有九個小單元：

　⑴在這個活動中，學生將要

　⑵教學活動

　⑶學生將學會：學習目標、對應之九年一貫課程能力指標

　⑷小筆記

　⑸學習單

　⑹評量標準

　⑺相關網站

　⑻我的表現（評量表）：學生自評、老師回饋

　⑼延伸閱讀

主題統整架構圖

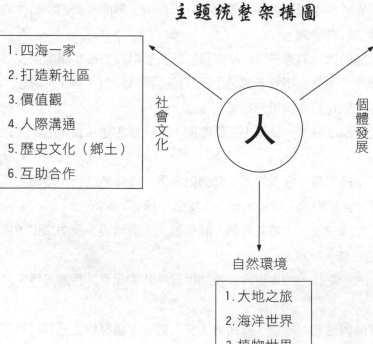

社會文化

1.四海一家
2.打造新社區
3.價值觀
4.人際溝通
5.歷史文化（鄉土）
6.互助合作

人

個體發展

1.生命成長
2.自我肯定
3.關懷與感恩
4.青春向前行
5.體驗生活
　‧心情記事
　‧生活點滴
　‧快樂的玩
6.從做中學

自然環境

1.大地之旅
2.海洋世界
3.植物世界
4.動物保育
5.台灣風情
6.海天遊蹤

　　本系列研究深入探討小學生的語文能力，以「人」為本，以語文創思與激勵閱讀為基礎，研製上百份的學習單，希望提供教師更自在便捷又可以無限延續的快樂教學基模。

　　感謝研究期間，學識、文學、領導超優質的萬榮輝主任的全心投入，鼎力協助；感謝魏慶雲老師及慈鳶為所有研究組員加強多媒體閱讀教學能力；也感謝全體研究老師利用課餘鑽研、討論，為我們的資訊融入語文教學踏出大大的一步！更感謝心理出版社許總經理麗玉、林總編輯敬堯與主編的專業細心編輯，給予本研究出版的機會！

　　敬請各方先進不吝指正。

　　在此謹獻上我的敬意和謝忱，給所有參與研究的老師們！

吳淑玲

二〇〇四年十一月於台北

作者群序

　　故事的開始是這樣的：有一群人，一群都認為「閱讀」這件事是很重要的人們，他們努力地在自己的課堂中進行「閱讀」，帶著孩子們閱讀各種書籍、作文章賞析與心得分享。孩子們很快樂，他們也很快樂；但是，時間久了，他們發現：除了要教授小朋友現行課程中各領域的知識、訓練技能、培養情意外，還要在進行正常的課程教學之餘，找尋各類書籍並進行閱讀課程，長期下來耗時耗力，實在無法撥出太多的時間與精力長期推廣閱讀活動。看著一本本的好書因時間、精力的問題，無法向孩子們多做介紹，這群人覺得很可惜。

　　他們想：總該有辦法來解決這個問題吧？一個可以讓老師既能不耽誤正常課程的進行，又能推廣閱讀活動，魚與熊掌兩者兼得的好方法。於是，這一群人想嘗試，嘗試將現行的各出版社語文科教科書做分類，配合九年一貫課程架構，依課文內容分為三個面向十八個主題，再將每個主題分為低、中、高三個年段；並依主題內容找尋合適的繪本或書籍，設計教學活動、提供延伸活動及評量標準與方式，讓使用者可以依照自己所需，選取適切之主題參酌應用。

　　現在，這群人很高興，一方面是辛苦多時的他們努力有了成果，於是野人獻曝的想將這些成果與大家分享，希望能對更多喜歡閱讀的人有些許助益。如果真的有那麼點幫助的話，這群人便高興得不得了。

　　故事說完了，希望你會喜歡。

萬榮輝

北門國小教務主任

主題彙整表

三個面向	單元名稱	初階	中階	進階	活動內容					
					歌謠	佳文	遊戲	創作	自然科學	視聽媒體
個體發展	肯定自我	**課程名稱:** 叫我第一名 **設計內容簡述:** 從繪本來探討小朋友如何在新環境中,主動結交朋友。並從結交朋友的過程中建立自己的自信心,肯定自我的存在價值。	**課程名稱:** 不一樣的我 **設計內容簡述:** 讓兒童在活動中探索自己的特質,發現自己和他人的特色,秀出自己,進而能學習接納並欣賞他人。	**課程名稱:** 為自己出征 **設計內容簡述:** 藉由繪本《愛你本來的樣子》來引導學生肯定自我能力,進而引導孩子利用自己的能力規畫出自己未來的方向。	初階 → ✓佳文 ✓遊戲 中階 → ✓佳文 ✓創作 進階 → ✓遊戲 ✓創作					
	體驗生活	**課程名稱:** 生活的溝通橋樑 **設計內容簡述:** 「通訊」與生活的關係密不可分,因此,透過本教學活動,將之分三部分,「四通八達通訊展」、「走在溝通的橋樑上」、「溝通橋樑小心行」。	**課程名稱:** 超級販賣員 **設計內容簡述:** 將教室營造成商店街,帶入有節奏感的叫賣聲,引導孩童分組創作叫賣聲及叫賣語言。分組設計宣傳海報,並讓孩童練習閩南語的對話句型。	**課程名稱:** 生活大轉彎 **設計內容簡述:** 學生分組蒐集近年來的國內外事件所造成生活的重大轉變。再從「分組簡報活動」及「狀況體驗週活動」中,引導學生了解,當生活發生轉變時,應如何面對。	初階 → ✓歌謠 ✓佳文 ✓遊戲 ✓創作 中階 → ✓歌謠 ✓遊戲 ✓創作 進階 → ✓歌謠 ✓佳文 ✓視聽媒體					
	青春新少年	**課程名稱:** 青春記事 **設計內容簡述:** 在與同儕、師長及父母分享青春期經驗的點滴中,了解成長過程的酸甜苦辣,並接納自己的優缺點。	**課程名稱:** 流行趨勢我有看法 **設計內容簡述:** 了解學生對時下的偶像、物質等次文化之追求原因,並利用此現象引導其具備正確認知。	**課程名稱:** 我的主張 **設計內容簡述:** 學生能對自己生活中的事物提出自己的看法,並學習接納別人的意見,以形塑民主素養。	初階 → ✓歌謠 ✓創作 中階 → ✓歌謠 ✓佳文 ✓遊戲 ✓視聽媒體 進階 → ✓佳文 ✓創作					

三個面向	單元名稱	初階	中階	進階	活動內容					
					歌謠	佳文	遊戲	創作	自然科學	視聽媒體
社會文化	人際溝通	**課程名稱：** 找朋友 **設計內容簡述：** 孩子的人際溝通以遊戲做起點，讓孩子體驗和朋友的互動，從中獲得更好的人際溝通。	**課程名稱：** 訂做一個新的我 **設計內容簡述：** 推薦一位同學做模範生，從這項活動中，讓孩子去發現受歡迎的人格特質，而有更好的人際關係。再修正自己的人際溝通方法及和同學相處的模式。	**課程名稱：** 我的人際網 **設計內容簡述：** 讓孩子將自己的人際網路整理出來，再思考自己與這些人的互動溝通，以作為學習、省思，進而擁有更好的人際關係。	初階 　 中階 　 進階		✓ 　 　 	✓ 　 ✓ 　 ✓		
	歷史文化	**課程名稱：** 荷鋤者 **設計內容簡述：** 以李紳〈憫農詩〉為引子，希望學生透過演戲、體驗農村生活、參觀農具展覽……等活動，來了解早期農業社會的生活與工作方式。	**課程名稱：** 龍的傳人 **設計內容簡述：** 透過「說龍」、「話龍」、「接龍」、「畫龍」、「舞龍」等活動，來了解「龍」在中華歷史文化中的特殊性及重要性。	**課程名稱：** 文字秀 **設計內容簡述：** 透過對象形文字的觀察與想像，及文字的欣賞，以引領兒童對中華文字的創造、進展及其藝術性有一概略的了解。	初階 ✓ 中階 　 進階	✓	✓ 　 ✓ 　 ✓	✓ 　 ✓ 　 ✓		
	打造新社區	**課程名稱：** 左鄰右舍 **設計內容簡述：** 藉由訪問活動，讓小朋友了解「敦親睦鄰」及「遠親不如近鄰」的重要，進而能和鄰居做交流活動。	**課程名稱：** 美好的社區 **設計內容簡述：** 藉由活動讓小朋友能重新發現及更進一步認識社區環境及其美好的風貌。	**課程名稱：** 香格里拉 **設計內容簡述：** 透過「香格里拉」相關教學活動，讓學生初探「學校與社區總體營造」之精神，希望能將社區與學校融為一體，共同營造學習新天地。	初階 　 中階 　 進階			✓ 　 ✓ 　 ✓	✓ 　 ✓	✓ 　 ✓

三個面向	單元名稱	初階	中階	進階	活動內容					
					歌謠	佳文	遊戲	創作	自然科學	視聽媒體
台灣風情	台灣風情	**課程名稱：** 台灣出好米 **設計內容簡述：** 藉由稻米猜一猜、書籍導讀……等活動，自行創作一本有關米的小書，體認農夫辛勞，知道台灣米的功用，也培養孩童懂得心懷感恩、愛物惜福的態度。	**課程名稱：** 台灣之子～生命禮俗 **設計內容簡述：** 透過繪本《老鼠娶新娘》與《爺爺有沒有穿西裝？》導讀，引發學生對台灣生命禮俗的人情義理與先民在訂定各種習俗背後所花費的種種苦心。	**課程名稱：** 台灣之美～國家公園 **設計內容簡述：** 學生分六組蒐集台灣國家公園資料（特色、地理位置、環境與生態、旅遊路線）並製作海報發表。	初階					
						✓	✓	✓	✓	✓
					中階					
						✓		✓	✓	✓
					進階					
								✓	✓	✓
自然環境	大地之旅	**課程名稱：** 天搖地動～地震 **設計內容簡述：** 利用搖動數個相連的桌子來模仿地震的發生。桌子表示板塊，桌子上的物品表示國家。藉此讓孩子體驗地震的經過及對地震的感覺。	**課程名稱：** 驚天動地～地震 **設計內容簡述：** 運用身邊的東西來模擬地震發生的原因，並同時教導孩子地震發生時，所須遵守的逃生守則。	**課程名稱：** 狂風暴雨～颱風 **設計內容簡述：** 運用溜溜球的實驗讓小朋友體會離心力，藉此和颱風的成因、觀念相結合，讓小朋友更加了解颱風及其特性。	初階					
						✓	✓	✓		
					中階					
								✓	✓	✓
					進階					
								✓	✓	✓
幻想之旅	幻想之旅	**課程名稱：** 魔幻空間 **設計內容簡述：** 透過繪本的導讀，以及藉由「打破妖怪臉」、「翻翻書」的製作……等活動，讓學童消滅恐懼，打敗自己心中的妖怪。	**課程名稱：** 夢幻世界 **設計內容簡述：** 引導學童設計出自己的夢想王國，並藉由欣賞及發表，與同學分享。其後，以小組為單位，進行繪本創作。	**課程名稱：** 星空遨遊 **設計內容簡述：** 將學童的幻想世界開展到浩瀚的宇宙中。引導學童蒐集星座的故事及圖片，並進行「自創星座」的活動，設計圖案、故事，並為其命名。	初階					
					✓		✓	✓		✓
					中階					
								✓		✓
					進階					
								✓	✓	✓

目錄 CONTENTS

面向一：個體發展

肯定自我

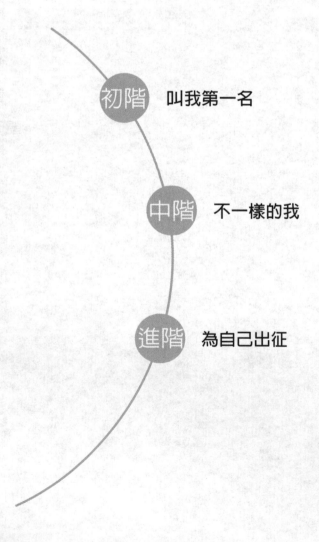

初階　叫我第一名

中階　不一樣的我

進階　為自己出征

【初階】

04 我第一名

游美琦

> 　　人，如何才能了解自己？人，往往是從別人的眼中去了解自己。孩子更是如此，當一個孩子在展現自己的能力時，如果能獲得周遭人的肯定，便能建立他的自信心，相對的，他也學會讚美他人。
>
> 　　本單元的活動目標，就是希望孩子能肯定自我、讚美他人。

壹、在這個活動中，學生將要：

一、閱讀繪本：《沒有人喜歡我》。

二、能寫出自己的優點及獨特之處。

三、能欣賞別人不同的優點及特質。

四、能運用自己的長處去幫助他人。

貳、教學活動：

一、引起動機

　　㈠介紹繪本：《沒有人喜歡我》（文、圖：羅爾·克利尚尼茲，出版社：三之三）。

　　㈡思考主角剛開始為什麼覺得都沒有人願意和他做朋友？誰幫助主角交到新朋友？他如何幫助主角？

二、活動步驟

㈠完成學習單（一）「優點大轟炸」，讓小朋友經由觀察之後，想出三位同學的優點。（使之能欣賞他人 的長處）

㈡完成學習單（二）「我最棒」，我覺得自己的優點有哪些？（對照同學眼中的自己）；我覺得可以運用長處做些什麼？

㈢完成學習單（三）「成語對對碰」。（選擇適合自己的成語，來呈現自己，也讓別人認識你。）

三、表揚與分享

參、學生將學會：

學習目標	對應之九年一貫課程能力指標	
一、能主動結交朋友。	語文 C-1-1-1-2	能簡單介紹自己。
	語文 C-1-1-2-6	能用自然的態度說話。
	語文 C-1-2-5-4	能主動問候他人。
	生活 2-1-4	了解自己在群體中可以同時扮演多種角色。
	生活 2-1-5	舉例說明個人或群體為實現其目的而影響他人或其他群體的歷程。
二、能欣賞他人及自己的長處。	綜合 1-1-1	描述自己以及與自己相關的人事物。
	生活 2-1-1	覺察自己可以決定自我的發展
三、能運用自己的優點幫助他人。	綜合 3-1-2	體會團隊合作的意義，並能關懷團隊的成員。

肆、小筆記：

伍、學習單：

（一）優點大轟炸

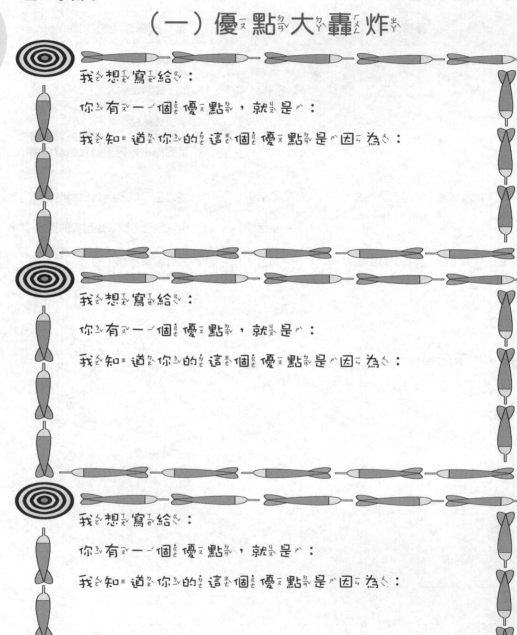

我想寫給：

你有一個優點，就是：

我知道你的這個優點是因為：

我想寫給：

你有一個優點，就是：

我知道你的這個優點是因為：

我想寫給：

你有一個優點，就是：

我知道你的這個優點是因為：

（二）我最棒

我的優點是：

我可以利用它來做些事情，例如：

我的優點是：

我可以利用它來做些事情，例如：

（三）成語對對碰

小朋友，請你把 A 區的成語解釋，和 B 區的成語配成一對。

A 區：

ㄅ.形容一個人才智高超，學識淵博。

（　　　　）

ㄆ.形容舉止端莊、品行良好的女生。

（　　　　）

ㄇ.指一個人說話很有分量。

（　　　　）

ㄈ.說的話和內心想的不一樣。

（　　　　）

ㄉ.形容一個人能吃苦。

（　　　　）

B 區：

1.一言九鼎

2.大家閨秀

3.刻苦耐勞

4.才高八斗

5.口是心非

小朋友，請你把剛剛學會的成語，運用到班上同學的身上。請你找出班上同學中，誰最符合這五個成語所形容的樣子。

1.一言九鼎——（　　　　）、（　　　　）、（　　　　）

2.大家閨秀——（　　　　）、（　　　　）、（　　　　）

3.刻苦耐勞——（　　　　）、（　　　　）、（　　　　）

4.才高八斗——（　　　　）、（　　　　）、（　　　　）

5.口是心非——（　　　　）、（　　　　）、（　　　　）

我還知道哪些詞語可以用來形容一個人！例如：可愛、誠實。

（　　　　　　）、（　　　　　　）、（　　　　　　）

陸、評量標準：

	評量標準	
編號	工作	評量細目
1	主動結交朋友	能了解自己在團體中的人際關係。
2	欣賞他人優點	至少寫出三位同學的優點。
3	欣賞自己的優點	能寫出兩項自己的優點。
4	運用長處幫助他人	能真正落實幫助他人的行為。
5	讚美他人、欣賞自己	能成為一個積極樂觀、人見人愛的孩子。
6	學會列舉的五個成語	能運用成語適當的形容他人。

柒、相關網站：

網站及網址	網站介紹
成語字典 http://soft.enc.hlc.edu.tw/content/word/	提供各式分類的成語檢索。
成語動物園 http://resources.ed.gov.hk/idiom2/	運用動畫簡單學會成語。
成語典故 http://www.epochtimes.com/b5/nf2775.htm	介紹各個成語的由來及典故。

捌、我的表現（評量表）：

我的表現如何？	學生自評			老師回饋		
	我真是有夠讚	我的表現還不錯	我還需要再加油	你真是有夠讚	你的表現還不錯	再加油一點會更棒
我能夠						
1 我能夠主動去認識新朋友。						
2 我常常讚美同學。						
3 我常常展現自己的長處。						
4 我喜歡自己的優點。						
5 我知道自己在同學眼中的樣子。						
我做到了						
1 我常常讚美他人。						
2 我懂得欣賞別人。						
3 我能表現自己的優點。						
4 我會善用自己的長處。						
我學會了						
1 我知道讚美他人。						
2 我會欣賞自己。						
3 我懂得善用自己的長處。						

◎老師想對你說的話：

_____

_____

_____

_____

玖、延伸閱讀：

書名	類別	作者	繪者	出版社	內容介紹
是蝸牛開始的	繪本	卡特雅・雷得爾	安格拉・馮・羅爾	三之三	一連串的事件由蝸牛所引起，牠把不好的情緒帶給每一個動物，大家都只看到別人的缺點，卻不會欣賞他人。不論是豬、兔子、狗、蜘蛛、鴨子都受到傷害，直到蝸牛自己也身受其害，牠才知道錯了，從此之後，牠要開始彌補大家所受的傷害。
你是我的朋友嗎？	繪本	沙莉・葛第禮	邦尼・戴	台灣麥克	吉比是一隻大熊，牠居然和小狐狸成為一對好朋友，你能想像嗎？牠們之間可以一起玩耍、互相幫助，也能有福同享，彼此相處得很愉快。
狗兒小丑魯巴	繪本	安德魯・德翰	安德魯・德翰	台灣麥克	這是一段發生在馬戲團裡的故事。馬戲團裡的小丑有一個最忠實的朋友——小狗魯巴，魯巴和主人的感情很好，聖誕節當天，主人送魯巴一個最好的禮物——上台表演。
和事佬彩虹魚	繪本	馬庫士・帕菲斯特	馬庫士・帕菲斯特	台灣麥克	彩虹魚原本和牠的同伴快樂的生活在一起，突然有一天，來了一隻大鯨魚，趕走牠們所有的食物，大家都很討厭大鯨魚，只有彩虹魚最勇敢，親自去找大鯨魚談判。
膽小大巨人膽大小老鼠	繪本	安格富修柏	安格富修柏	格林	這是一本有趣的繪本，書的頭、尾各有一個故事，一頭介紹膽小大巨人，一頭介紹膽大小老鼠，書的中間則是巨人和小老鼠的結合，是一本非常有趣的故事繪本。

【中階】　　　　　　　　　　　　　　　　　　　　肯定自我

不一樣的我

陳香吟

> 　　中年級的兒童心智發展較低年級成熟，在生理上也已經開始變化，這個階段的兒童逐漸袪除以自我為中心的色彩，而且他們也會開始在意、關心他人的意見。本單元主要透過讓兒童在活動中探索自己的特質，並發現自己和他人的特色，進而能學習接納並欣賞不同特質的人。

壹、在這個活動中，學生將要：

一、能發現自己和別人在外表上的特徵。

二、能了解與接納自己的特質。

三、能學習尊重並欣賞他人的特質。

貳、教學活動：

一、活動步驟

　㈠引起動機

　「繪本導讀」——《短鼻象》（文、圖：黃春明，出版社：皇冠文學）

　內容簡介：

　　　大象的鼻子原本應該長長的，但是短鼻象的鼻子卻比別人短。就連整型醫生也無計可施，短鼻象想盡辦法，例如：利用鼻子將自己吊在樹上、讓壓路機輾過自己的鼻子、將消防隊的噴水喉接在鼻子上、吃減肥藥、學小木偶說謊的方法想讓鼻子變長，可是都沒能如願。有

一天，荒野發生了火災，短鼻象加入救火的行列，火熄滅後，他赫然發現，自己的鼻子居然變長了！

㈡發展活動

「魔鏡啊！魔鏡！找出班上之最」

1. 教師事前請學生各自帶一面鏡子到課堂上來。配合學習單㈠「自畫像」，教師請兒童利用色筆畫出自畫像，並能以五十個字描述自己在長相、外觀等方面有什麼特點。

2. 根據兒童自己發表的特質，老師問：「魔鏡啊！魔鏡！我們班上最……的人是誰？」全班同學立刻要找出符合這項外觀特徵的人。例如：

⑴班上頭髮最長的人是誰？頭髮最短的人是誰？

⑵班上眼睛最大的人是誰？最小的是誰？

⑶班上身高最高的人是誰？最矮的人是誰？

⑷教師可以引導兒童認真的看一看，再次觀察這位同學是不是符合大家的想法？

⑸教師適時引導學生：我們應學習尊重每個人的特質，並能自我肯定。導讀故事中的短鼻象，當他找回自我，找到自身的價值和自信時，也就能表現出最好的一面。如能充分明白自己的特質，就能對讚美或譏笑做到毀譽不侵，希望同學能做個懂得自己的人，做個樂意讚美自己與讚美別人的人。

㈢綜合活動

「我真的很不錯」

1. 教師歸納兒童發表的內容，並肯定兒童擁有發現自己和別人特質的觀察力。

2. 請兒童將自畫像加上文字說明及姓名，布置在教室裡，鼓勵兒童欣賞每個人的特色。

3. 不論高、矮、胖、瘦，每個人都有自己的特色，教師引導兒童發現班上同學的長處及自己的優點。

4. 配合學習單㈡「我真的很不錯」，能觀察他人和自己，並以一句話

形容自己與他人的特質。

二、延伸活動

「Show出自己」

㈠教師引導：引導兒童討論如何表現出他們的才藝或專長。

㈡開班會討論：

　1.為什麼要舉辦這項活動？活動的目的是什麼？

　2.要表演哪些才藝項目？自我推薦及互相推薦。

　3.主持人由誰擔任？由一位同學或輪流擔任呢？

　4.決定時間及地點。需要現場音樂或音響等設備嗎？

　5.要邀請誰來參加與欣賞？要不要製作邀請函？

　6.討論如何分工，使幕前幕後大家都有表現的機會。並自我推薦工作
　　項目，進行各項工作的分配。

　　⑴布置場地：全班集思廣益，如何布置表演的場地，並共同分工合
　　　作，發揮所長完成任務。

　　⑵才藝表演：除了個人才藝之外，教師應鼓勵分組或全班一起表演
　　　的項目，不善於當眾表演的學生，可讓他負責幕後的工作，使每
　　　位學生都有參與感。

　　⑶教師對學生的表現回饋與統整。

參、學生將學會：

學習目標	對應之九年一貫課程能力指標	
一、能運用資料搜尋工具，協助自己完成作業。	語文 D-2-2-3-1	會查字辭典，並能利用字辭典，分辨字義。
二、能以適當中肯的語詞，表達自己的意見。	語文 C-2-2-2-2	能針對問題，提出自己的意見或看法。
	語文 C-2-2-4-4	能運用合適的語言，與人理性溝通。
	語文 C-2-3-7-7	說話用詞正確，語意清晰，內容具體，主題明確。
三、參與討論及與同伴規畫才藝表演的演出。	語文 C-2-3-4-1	他人與自己意見不同時，仍樂意與之溝通。
	語文 C-2-3-6-6	能養成說話負責的態度。
四、明白自己的特質，並自我反省與檢討，提出自己可以努力的方向。	健體 6-2-1	分析自我與他人的差異，從中學會關心自己，並建立個人價值感。

肆、小筆記：

伍、學習單：

（一）自畫像

一、你曾經仔細的觀察過自己的五官嗎？請注意觀察鏡子中的自己並畫下來。

二、請試著用五十個字以內的文字，描述你的個人特點。

（例如：我最滿意的地方是我的……）

（二）我真的很不錯

　　班上每一位同學在外型上、個性上，都不可能一模一樣。古人說：「三人行，必有我師焉。」請小朋友選出班上三位同學，將他們值得自己學習的優點記錄下來，並找出一句最貼切的成語。

成語範例：

（只供參考，小朋友自己查閱字典或網路辭典搜尋適當的成語，更厲害喔！）

⑴知書達禮	⑵孔武有力	⑶活潑開朗	⑷和顏悅色
⑸美若天仙	⑹聰明伶俐	⑺文文靜靜	⑻品學兼優
⑼和和氣氣	⑽循規蹈矩	⑾善盡職責	⑿熱心公益

姓　名	外表特徵	優　點	成　語
王小麗	她有一頭烏溜溜的長髮。	她的心地善良而且喜歡幫助別人。	熱心公益

我的表現：

陸、評量標準：

評量標準		
編號	工作	評量細目
1	觀察與記錄	能仔細觀察同學，並公平客觀的記錄。
2	分享與報告	能以積極的態度參與同組同學的討論，並以清晰、適當的言詞發表自己的想法。
3	表演活動的參與	能夠主動積極的參加才藝表演活動。
4	檢討與反省	能夠認清自己的特質，並設法改進缺點。
5	完成學習單	詞句的流暢度、用字的正確性，及完成過程的用心程度。

柒、相關網站：

網站及網址	網站介紹
教育部生命教育學習網站 http://life.edu.tw/homepage/index.html	生命教育學習網是教育部為了落實生命教育所建構的 個無遠弗屆的網路心靈天地。
國小生命教育網站 http://smedia.syups.tp.edu.tw/lifeedu1/	提供關於生命教育之教材、影片及研習資訊……等資訊。
友緣基金會 http://www.yoyuen.com.tw/index.htm	本網站公布活動訊息，刊錄相關文章等，並提供線上諮詢服務，宣導「愛、責任、關懷」的理念，協助個人了解自身和他人的個性、想法，從而相互尊重、關懷。

捌、我的表現（評量表）：

我的表現如何？						
	學生自評			老師回饋		
	我真是有夠讚	我的表現還不錯	我還需要再加油	你真是有夠讚	你的表現還不錯	再加油一點會更棒
我能夠						
1 我在發表意見之前會先舉手。						
2 我可以用適當的文字清楚的表達想法。						
3 我會和同學一起討論和計畫。						
4 我能安靜欣賞其他小組的表演。						
5 我能夠大方的上台表現才藝。						
6 我會反省和檢討自己的優缺點。						
我做到了						
1 我確實完成了學習單的內容。						
2 我能觀察自己並畫下自畫像。						
3 我能用五十個以內的字數描述自己的特徵。						
4 我記錄與觀察班上至少三個同學的特質。						
我學會了						
1 我會使用字典、電腦及網路等搜尋工具。						
2 我運用正確的溝通方式和同學討論事情。						
3 我找出自己的特質，並設法改進缺點。						
4 我欣賞並學習同學的優點。						

◎老師想對你說的話：

玖、延伸閱讀：

書名	類別	作者	繪者	出版社	內容介紹
慢半拍的小鵝	小說	漢娜‧約翰森	凱蒂‧班德	玉山社	慢半拍的小鵝並不是鵝群中最耀眼的風雲人物，反之，因為動作慢，學起游泳、飛翔、覓食等生活技能，都比同伴吃力許多，故遭受到抱怨和恥笑。起初牠也常埋怨自己……漸漸的，牠開始換一種方式看待自己——盡力就好，牠開始懂得自己尋自己開心。
老鼠阿修的夢	繪本	李歐‧李奧尼	李歐‧李奧尼	上誼	老鼠阿修的爸媽對牠的期望很高，但是阿修在參觀了美術館之後，決定要當畫家，於是牠努力工作，成了世界有名的畫家。
瑪塞林為什麼會臉紅？	繪本	桑貝	桑貝	玉山社	這是一本關於「接納自己」的繪本，敘述一個紅臉男孩的友誼和童年故事。原本因缺憾而自卑退縮的人，因為有相似「缺憾」的朋友，而互相重燃生活的希望與樂趣，並找到與這個世界溝通、互動的勇氣與自信。
失落的一角	繪本	謝爾‧希爾弗斯坦	謝爾‧希爾弗斯坦	玉山社	缺了一角的圓，非常不快樂，於是動身去找它那失落的一角。作者以簡練生動的線條和文字，闡述一則有關「完美」和「缺陷」的寓言。
為自己出征	小說	Robert Fisher	Robert Fisher	方智	武士穿過三座古堡，克服面對獨處時的恐懼，接受真正的自己，更靠著自信擊退了「疑懼之龍」，內心深處真誠湧出的熱淚也完全融解了生鏽的盔甲。
超越自己	勵志	劉墉		水雲齋	劉墉在獨子考入史岱文森高中的第一年，寫給那個怯生生年輕人一系列的信，教導孩子怎麼面對艱險橫逆的環境和未來的挑戰，發揮潛能、超越自己。
肯定自己	勵志	劉墉		水雲齋	是什麼力量，使一個怯生生的少年，成為充滿自信的青年？是什麼方法，幫助自己超越先天的弱點，創造自己個人的風格，肯定自己是天地間一個不可缺少的人？本書展現了作者對生命更深刻的體悟。
創造自己	勵志	劉墉		水雲齋	看劉墉這位跨藝術、文學、新聞、戲劇與學術理論的才子，如何教導他的下一代「創造自己」，並在年輕時就發出燦爛的光芒！

書名	類別	作者	繪者	出版社	內容介紹
五體不滿足	勵志	乙武洋匡		圓神	「殘障只是我身體的特徵，沒有必要為身體上的特徵而苦惱。」這種對生命充滿樂觀、熱愛與勇氣的正面形象與特質，正是能提振人心，鼓舞生命向上的力量。
天天超越自己：秀出最棒的你！	勵志	戴晨志		時報	本書藉由頗具趣味的故事情節，引領讀者從中尋得人生智慧與心靈啟發，挖掘生命中的美好與驚奇，不因灰心喪志而被擊倒，反能樂觀的向前邁進，超越自己。
我還有一隻腳	童詩	周大觀		遠流	與癌症惡魔抗爭的少年鬥士，以一首首的生命詩篇，將自己與病魔纏鬥的心路歷程表現出來。
一無所缺的人生：蓮娜瑪莉亞寫真	勵志	蓮娜瑪莉亞·克林佛		傳神愛網	蓮娜瑪莉亞出生於瑞典，生下來就沒有雙臂，左腿只有右腿的一半長，但仍舊覺得自己的人生是很棒的！樂觀的生命態度，使她的人生過得更精采。
創意人生	哲學	傅佩榮		業強	活著，必須不斷自我超越。唯有激發潛能、培養創意、塑造自己、堅定信心，才能適應充滿變化的世局。
俠風長流：劉俠回憶錄	散文	杏林子		九歌	書中每個字、每張照片，都是劉俠一生的奮鬥縮影。她檢視自己的一生，從童年開始一步步艱辛的邁向人生大道，有哭泣、有歡樂、有幾度與死神擦肩而過的驚險，更有風起雲湧的社運工作。
最後十四堂星期二的課	哲學	米奇·艾爾邦		大塊	作者米奇·艾爾邦在老師墨瑞最後幾個月的生命裡，固定每個星期二去探望他。墨瑞面對著死亡逼近，卻仍保有熱情和幽默感；藉著每個星期二的談話，漸漸的柔軟了米奇世故冷漠的心，是有關生死之智慧的課。
用腳飛翔的女孩：無臂單腳的奮鬥奇蹟	傳記	蓮娜瑪莉亞·克林佛		傳神愛網	這是一本充滿希望與奇蹟的書，故事裡有親情友誼的溫馨、愛情的嚮往與堅持、體能的極限挑戰、屢仆屢起的人生歷程，充滿了歡笑與眼淚，感人至深。

書名	類別	作者	繪者	出版社	內容介紹
周大觀的故事：小星星的願望	兒童文學	宋芳綺		文經社	本書把周大觀冷靜的和疾病搏鬥、熱愛生命與地球的故事和過程，一一寫了出來，不但動人心弦，也充滿了啟示性。他為我們留下了活生生的、最可貴的生命教材。
喜歡自己，別人就會喜歡你	勵志	蒲公英	蒲公英	可道書房	如果認為特殊重要的人物才會擁有生命中偉大的目標，將永遠無法逃脫凡夫俗子的命運。不管過去如何，了解自己也有獨特、與眾不同的一面，並相信自己的生命與其他人同樣偉大，生命將會有所轉變。
我的妹妹聽不見	繪本	珍恩·懷特豪斯·彼得森	珍恩·懷特豪斯·彼得森	遠流	我的妹妹像一般的小女孩一樣喜歡跑跳、翻滾、攀爬，雖然聽不到曲調也不會唱歌，但是她會彈鋼琴。妹妹無法用言語表達，卻是我所知道最會用臉或肩膀示意的人。
我的姊姊不一樣	繪本	貝蒂·瑞特	貝蒂·瑞特	遠流	姊姊年紀比我大、身高比我高，我卻每天必須陪在她身邊，愛護姊姊。帶著姊姊出門總是狀況百出，玩伴的嘲笑、路人的側目，讓我只想趕快擺脫她。直到有一天，她真的走失了，我一點也不高興，甚至傷心哭泣。
很新、很新的我	繪本	夏洛特·佐羅托	夏洛特·佐羅托	遠流	告別了昨天的「我」，這一刻，我是一個很新、很新的「我」。這是一個小男孩面對成長的省思及感動的故事，故事中優美的文字及意境，透露著告別昨日的感傷與成長的欣慰。
從小島來的巨人	繪本	瓦特·克雷耶原	托梅克·波加契	圖文	巨人住在小島上，大風暴把小島侵蝕得只剩一座小山丘，巨人只好離開小島。路途中他遇到了捕魚的漁夫，巨人的食量實在太大了，漁夫所捕的魚已經不夠巨人吃，於是他們決定到城裡去找工作，城裡的人遇到巨人會有什麼反應呢？他們能接受這麼一位巨大的新朋友嗎？
會愛的小獅子	繪本	吉爾斯·安卓亞	大衛·瓦伊托維奇	三之三	小獅子李歐跟一般的獅子不一樣，牠不兇猛、不威武，整天只喜歡跟小動物們玩在一起，獅子家族的人都不諒解牠，於是牠悄悄的離開了平日熟悉的草原。雖然牠不知道怎麼生存，但是牠卻幫助了好多好多的動物們，從來不要求回報，小獅子最後會得到獅子家人的諒解而重回草原的懷抱嗎？

書名	類別	作者	繪者	出版社	內容介紹
威尼斯的獅子	繪本	班達立瓦	班達立瓦	城邦	馬可和一般的獅子不一樣，牠不但體積特別大，還有一雙大翅膀。會在暴風雨來臨前飛去警告船長；有空時牠也會在城裡陪小孩玩遊戲，全威尼斯城的人都好喜歡馬可。有一天，暴風雨來時，馬可東找西找就是找不到船隻的蹤影，當牠發現時，船隻已被海浪打得支離破碎。之後，威尼斯城裡的人再也不相信馬可了，馬可傷心的獨自躲在角落。
小狼哥	繪本	歌妲·華格納	尤瑟夫·威爾康	智茂	小狼哥不喜歡抓野兔，卻喜歡跟野兔捉迷藏；牠不喜歡抓魚，卻喜歡和小魚比賽游泳；牠不喜歡吃肉，卻喜歡吃草原裡的酢漿草，狼爸爸和狼媽媽都非常生氣，小狼哥覺得很難過。有隻小老鼠決定要幫小狼哥變得更兇猛，牠帶回老虎穿的條紋毛皮、一大把刺蝟的尖刺、獅子的大牙齒，但這些裝扮卻讓小狼哥看起來很滑稽。
小狗阿疤想變羊	繪本	龐雅文	龐雅文	格林	小狗阿疤長得很醜，頭上還有一條又大又醜的疤，沒有人願意和牠做朋友，有一天，阿疤發現一個機會，那就是讓老狐狸將阿疤變成一隻羊，阿疤變成羊後，在羊群裡過著快樂的日子，不過大野狼也變成羊，想把羊吃掉，但是最後被阿疤打敗，和羊群當好朋友。
小烏龜找房子	繪本	ARIANE CHOTTIN	PASCALE WIRTH	東方	小烏龜雖然動作很慢但是動物們都佩服牠的耐心和韌性。在找房子的途中遇到困難，心中產生挫折，但是朋友的鼓勵又激起牠的鬥志。
草原的朋友	小說	工藤直子	長新太	玉山社	獅子喜歡嘗試新鮮的玩意兒；蝸牛才氣縱橫，喜歡寫作、讀書、唱歌、作曲；驢子喜歡發呆，可以一整個下午什麼也不做，站在樹叢裡「變成風」。牠們在美麗的草原上相遇，變成了好朋友。獅子和蝸牛學驢子「變成風」；驢子學獅子照鏡子做表情，學蝸牛作曲「驢蹄之歌」。牠們互相欣賞，分享著彼此濃濃的友情，這正是三人之間的友情特徵。

【進階】　　　　　　　　　　　　　　　　　　　　　　肯定自我

為自己出征

黃雅菁

> 　　在生活中，你是否曾遇過畏縮、膽小，不敢表現自我的小朋友？這些孩子通常對自己較沒信心，不認同自己的能力。然而你我皆知，沒有人是十全十美的，更何況所謂：「天生我才必有用。」即說明了每個人都有自己的長處，而我們又該如何認定自己的能力，並以此來追尋自己的美好未來呢？本單元希望藉由「我最特別」這個活動，讓小朋友發現真正的自己，並且勇於面對自己，進而肯定自己，再藉此立下未來的目標。

壹、在這個活動中，學生將要：

一、完成「我最特別」的學習單，並寫出自己的優缺點與班上同學的優缺點。

二、完成「做我自己」學習單，並了解自己在同學眼中的優缺點與評斷出對自己的滿意度，以及能找出自己最特別的地方。

三、閱讀一本成功人士的奮鬥史或偉人傳記，並完成「成功搜查線」的學習單。

四、完成「目擊未來」的學習單，規畫出如何運用自己的優點來開創未來。

貳、教學活動：

一、教學預備

㈠請學生選擇一本自己最感興趣的偉人傳記或成功人士奮鬥史來閱讀。

✎ 書單：

書名	作者	出版社	內容介紹
乞丐囝仔	賴東進	平安	本書是賴東進的個人傳記，內容描述他傳奇的一生。他的父親是一個瞎子、母親是重度智障加上精神異常，全家十二個小孩，全靠他討飯乞食維生，但他卻不畏困難，成功的開創出屬於自己的一片天空。
愛迪生的故事	封亞東	白橡	愛迪生的發明創造，在美國，乃至全世界，都有很重大的影響，本書則介紹有關愛迪生的生平故事。
金庸傳奇	費勇、鍾曉毅	雅痞風采	金庸的武俠小說是人人必看的寶典，他的俠義世界令眾人嚮往，書中描述金庸傳奇的一生與創作。
哈利波特的祕密——與 J. K.羅琳對話	J. K. 羅琳琳賽費瑟	皇冠	本書記錄了 J. K. 羅琳本人親自談論其家人、童年、學校生活、事業與寫作生涯的對話，更描述她如何創作出膾炙人口的哈利波特故事。
天使的歌聲：麥地媽咪如何挖掘我的天賦	夏綠蒂・邱爾區	商周	夏綠蒂・邱爾區（Charlotte Church）十五歲就已經成為一位世界知名的歌手。本書記錄了夏綠蒂的父母、關於她外公組搖滾樂團的故事，還有她在音樂上受到小阿姨——琳阿姨的影響。
朱宗慶——永不回頭的擊鼓人	劉家渝	聯合文學	從明星高中學生到休學、補習班的重考生，從滿腹理想的留學生到因年齡過大而被拒絕的老學生。究竟是什麼樣的人格特質與癡狂，讓朱宗慶永不放棄自己的理想？
小飛俠布萊恩：布萊恩在 NBA 的奮鬥過程	羅倫・拉森比	智庫	書中描述布萊恩這位擁有無比天賦的年輕球員，如何忠於自我、忠於籃球，最後在 NBA 大放異彩的故事。
第 11 秒	特雷維斯・羅伊 E. M.史威福特	新苗	一九九五年特雷維斯・羅伊正準備展開璀璨的大學生活，十月二十日晚上他進入球場，短短十一秒鐘就受了重傷，導致頸部以下全部癱瘓。一直以來，曲棍球是特雷維斯的最愛，但意外發生之後，重新思考未來的方向，接受自己已成殘廢的事實，並努力的開創自己的人生。

書名	作者	出版社	內容介紹
台灣阿瘦：阿瘦皮鞋董事長羅水木擦鞋做頭家	吳昭瑩	遠流	羅水木是「阿瘦皮鞋」的創辦人。民國四十一年，他憑著典當手錶換來的一百二十塊錢創業，從擦鞋到賣鞋，從「阿瘦仔」到「阿瘦皮鞋」，羅水木憑著經驗與執著，建立屬於自己的皮鞋王國，打造出台灣皮鞋業的第一品牌。
迪士尼：迪士尼世界創始人的故事	趙之正	大步	本書描述主角他如何運用自己的創意與堅定的決心，努力達成自己立下的目標。
剝開遊戲橘子：劉柏園玩出連線遊戲奇蹟	朱淑娟	高寶	「遊戲橘子」是一個在現今台灣網路社會中，線上遊戲的代名詞，是由一位傳奇性的CEO人物（劉柏園），和一組優秀的團隊，憑藉著一份對網路遊戲的熱愛與遠見所創建的，更因為有著獨特的行銷手法，遊戲橘子才得以深入每個角落的市場中。
讀書最後一名賺錢第一名	高振興／口述 洪維勛／執筆	意若思知識互動工作室	學生時代，高振興考九科，六科不及格，是班上的「讀書最後一名」。如今他卻是「賺錢第一名」！成為一位「最不像業務員」的超級業務員。

㈡在學生閱讀傳記之前，教師應給予下列建議，以便其閱讀，並從中了解書中主角成功的關鍵。

閱讀方向

1. 書中主角的興趣或最喜歡做的事情是……。
2. 書中主角的志願是成為……。
3. 書中主角在成為一位成功者之前曾遭遇的困難是……。
4. 書中主角在成為一位成功者之前曾做過的努力是……。
5. 促使書中主角成功的原因是……。
6. 你最欣賞書中主角的……。
7. 你可以向書中主角學習的是……。

二、活動步驟

㈠老師導讀繪本《愛你本來的樣子》（文：陸可鐸，出版社：道聲）。
㈡老師與學生討論看完《愛你本來的樣子》一書的想法，進而引導學生

完成「我最特別」的學習單。學習單分成兩個部分，第一張是寫出自己的優缺點，第二張是寫出班上數位同學的優缺點。

㈢由老師統整好每一位學生的學習單後，即將有關描述每位學生優缺點之學習單發回，並請學生浮貼於學習單（一）「我最特別」第一頁中。

㈣請學生收到學習單後，仔細比較、思考自己眼中的我與他人眼中的我有何不同？並發下學習單（二）「做我自己」。

㈤完成「做我自己」學習單之後，老師與學生討論「我要如何善用並發揮自己長處」之問題，並以此話題引導學生思考如何運用自我能力來創造自己的未來。

㈥在學生閱讀完名人傳記之後，發下學習單（三）「成功搜查線」，請學生完成學習單中的問題後，再與學生共同討論學習單中的內容。最後，引導學生思考他要如何運用自己最棒的地方並學習他人成功的經驗來開創一個屬於自己的未來。

㈦發下學習單（四）「目擊未來」，並請學生寫下他要如何規畫，以開創自己的未來。

㈧在活動的最後，是藉由讓每一位學生上台大聲秀出自己來做結束。

學生必須說出——1.我是誰……。

2.我會做……。

3.我最棒的地方是……。

4.我想利用自己的優點來幫助自己成為一位……。

三、延伸活動

父母是孩子學習中很重要的一個學習夥伴，因此，可以請孩子回家問問自己的父母，他們小時候的夢想是什麼以及成功與否，讓父母與孩子一起分享他們的經驗，同時父母也可給孩子一些不同的建議，對於孩子在規畫未來的時候會有很大的幫助喔！

參、學生將學會：

學習目標	對應之九年一貫課程能力指標	
一、能寫出自己的優缺點。	綜合 1-3-1	欣賞並接納他人。
二、能寫出他人的優缺點。	綜合 1-3-1	欣賞並接納他人。
三、能規畫出如何運用自己的優點來開創未來。	社會 5-3-2	了解自己可以決定自我發展，並且突破傳統風俗或社會制度的期待與限制。
	綜合 1-3-3	在日常生活中，持續發展自己的興趣與專長。
四、能分析與分享書中主角成功的因素。	語文 E-2-8-5-1	能討論閱讀的內容，分享閱讀的心得。

肆、小筆記：

伍、學習單：

（一）我最特別

🌸 親愛的同學，請你在下列表格中寫上你認為自己最棒的地方與需要改進之處

優　　　點	需改進之處
我很會打掃，尤其是掃地，連老師、同學都說我掃的地很乾淨。我很有正義感，當同學在吵架時，我常常會去主持公道。	我讀書太被動了，總是要爸爸、媽媽時常叮嚀我才會讀書，因此，我應該改正這個毛病，養成主動讀書的習慣，才不會讓父母總是為我操心。

🌸 我在他人眼中是……

·····························請浮貼於此·····························

·····························請浮貼於此·····························

·····························請浮貼於此·····························

·····························請浮貼於此·····························

小朋友，請你用心觀察班上同學值得學習之處，並找出他們美中不足的地方，給予真心的建議。

姓　名	值得學習之處	需改進之處
王小菁	你很熱心，常常幫助同學，所以你的人緣也很好喔！	你在上課時，有時候會和旁邊的同學說話而忘了聽課，要注意一下喔！

（二）做我自己

☀ 在同學的眼中，你最棒的地方是什麼？

➤ 你認同嗎？ ☐1. 認同 ☐2.部分認同 ☐3.不認同

為什麼？

☀ 人總有一點點不完美的地方，同學認為你需要小小改進之處是什麼呢？

➤ 你認同嗎？ ☐1. 認同 ☐2.部分認同 ☐3.不認同

為什麼？

☀ 對於同學給你的建議，可以想個辦法來改進嗎？要讓自己變得越來越讚喔！

☀ 請你仔細看看「我最特別」學習單中的內容，再認真的想想看，你對目前的
自己還滿意嗎？

➤ ☐1. 非常滿意　　　　　　➤ 你最棒的地方是……
☐2. 滿意
☐3. 部分滿意
☐4. 不滿意
☐5. 非常不滿意

（三）成功搜查線

想要追求美好的未來，我們可以先參考一些成功者的經驗，讓自己更接近成功的果實，就讓我們一起來搜尋一些邁向成功的方法吧！

我閱讀的書籍名稱是：＿＿＿＿＿＿＿＿＿＿＿＿＿＿＿＿

　　　　　作者是：＿＿＿＿＿＿＿＿＿＿＿＿＿＿＿＿

　　　　　出版社：＿＿＿＿＿＿＿＿＿＿＿＿＿＿＿＿

看完這本書後，請你回答下列的問題：

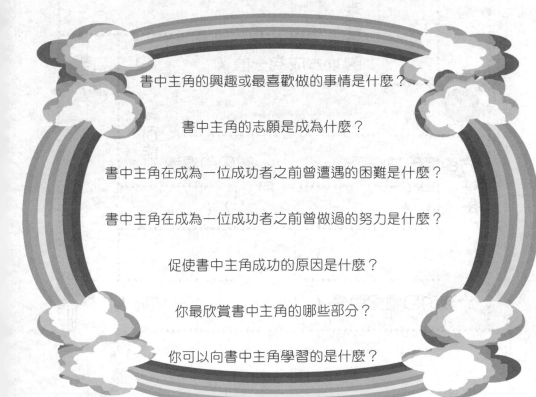

書中主角的興趣或最喜歡做的事情是什麼？

書中主角的志願是成為什麼？

書中主角在成為一位成功者之前曾遭遇的困難是什麼？

書中主角在成為一位成功者之前曾做過的努力是什麼？

促使書中主角成功的原因是什麼？

你最欣賞書中主角的哪些部分？

你可以向書中主角學習的是什麼？

（四）目擊未來

在每一個人的心中或多或少都會懷抱著一些夢想，而你的夢想是什麼呢？讓我們一起進入屬於自己的世界，在這神祕的世界中發覺自我能力，並依此找到自己未來的方向，現在我們就出發吧！Let's go！

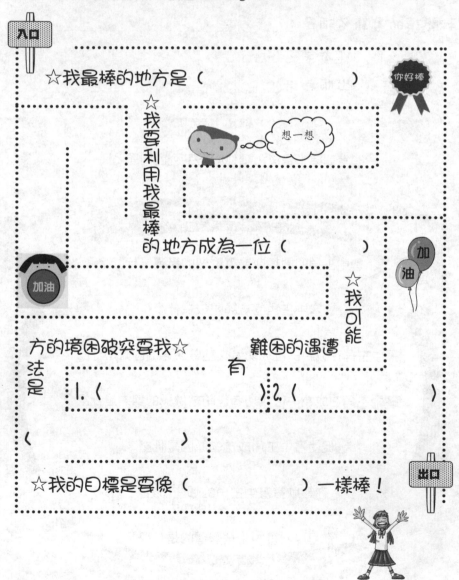

陸、評量標準：

評量標準		
編號	工作	評量細目
1	寫出自己與他人的優缺點	能完成「我最特別」學習單中的問題。
2	找出自己最棒的地方	完成「做我自己」學習單中的問題，並能上台秀出自己最棒的地方。
3	閱讀名人傳記	能選擇一本自己有興趣的名人傳記閱讀，並完成「成功搜查線」學習單中的問題。
4	規畫自己的未來夢想	能夠經由發現自己優點與探索他人成功之處的活動中，統整與規畫出自己未來的夢想。

柒、相關網站：

網站及網址	網站介紹
認識與肯定自我 http://www.hlbh.hlc.edu.tw/office4/north/cen_3_09.htm	本網頁提供了一些不錯的認識自我與肯定自我的相關活動。
自我肯定訓練 http://www.heart.net.tw/~GG/prm42.shtml	本網頁提供了一個有關認識自我與肯定自我的課程設計。

捌、我的表現（評量表）：

我的表現如何？	學生自評			老師回饋		
	我真是有夠讚	我的表現還不錯	我還需要再加油	你真是有夠讚	你的表現還不錯	再加油一點會更棒
我能夠						
1 我能發現自己的優缺點。						
2 我能發現同學的優缺點。						
3 我能仔細的閱讀名人傳記。						
4 我會與他人分享自己所閱讀的名人傳記。						
5 我能統整有關自己優缺點與他人成功的線索。						
我做到了						
1 我可以寫出自己與他人的優缺點。						
2 我能說出或表現出自己最棒的地方。						
3 我可以分析出名人傳記書中主角成功的因素。						
4 我可以規畫出自己未來的發展。						
我學會了						
1 我知道如何發現與欣賞自己的長處。						
2 我學會如何有目的的閱讀一本書。						
3 我學會利用他人成功的經驗來幫助自己完成一件事情。						

◎老師想對你說的話：

- -

- -

- -

- -

玖、延伸閱讀：

書名	類別	作者	繪者	出版社	內容介紹
慢半拍的小鵝	小說	漢娜·約翰森	凱蒂·班德	玉山社	慢半拍的小鵝並不是鵝群中最耀眼的風雲人物，反之，因為動作慢，學起游泳、飛翔、覓食等生活技能，都比同伴吃力許多，故遭受到抱怨和恥笑。起初牠也常埋怨自己……漸漸的，牠開始換一種方式看待自己──盡力就好，牠開始懂得自己尋自己開心。
老鼠阿修的夢	繪本	李歐·李奧尼	李歐·李奧尼	上誼	老鼠阿修的爸媽對牠的期望很高，但是阿修在參觀了美術館之後，決定要當畫家，於是牠努力工作，成了世界有名的畫家。
瑪塞林為什麼會臉紅？	繪本	桑貝	桑貝	玉山社	這是一本關於「接納自己」的繪本，敘述一個紅臉男孩的友誼和童年故事。原本因缺憾而自卑退縮的人，因為有相似「缺憾」的朋友，而互相重燃生活的希望與樂趣，並找到與這個世界溝通、互動的勇氣與自信。
古倫巴幼稚園	繪本	西內 南	堀內誠一	台灣麥克	孤獨的大象古倫巴被大象家族清洗一番後，決定出外奮鬥。一路行來，卻始終不如意。終於，在一群孩子中找到了自信及能力，為孩子們開了一家幼稚園。
失落的一角	繪本	謝爾·希爾弗斯坦	謝爾·希爾弗斯坦	玉山社	缺了一角的圓，非常不快樂，於是動身去找它那失落的一角。作者以簡練生動的線條和文字，闡述一則有關「完美」和「缺陷」的寓言。
為自己出征	小說	Robert Fisher		方智	武士或許不比我們大多數人聰明，但他卻比我們大多數人都要勇敢。因為他為了認識真正的自己，為了學習如何愛自己，以及學會如何愛別人，他歷經了許多困難，終於克服獨處時的恐懼，接受真正的自己，且憑著他的自信擊退了「疑懼之龍」，最後，武士不但重獲了身體的自由，也獲得了心靈的自由。
超越自己	勵志	劉墉		水雲齋	劉墉在獨子考入史岱文森高中的第一年，寫給那個怯生生年輕人一系列的信，教導孩子怎麼面對艱險橫逆的環境和未來的挑戰，發揮潛能、超越自己。
肯定自己	勵志	劉墉		水雲齋	是什麼力量，使一個怯生生的少年，成為充滿自信的青年？是什麼方法，幫助超越自己先天的弱點，創造自己個人的風格，肯定自己是天地間一個不可缺少的人？本書展現了作者對生命更深刻的體悟。

書名	類別	作者	繪者	出版社	內容介紹
創造自己	勵志	劉墉		水雲齋	看劉墉這位跨藝術、文學、新聞、戲劇與學術理論的才子，如何教導他的下一代「創造自己」，並在年輕時就發出燦爛的光芒！
五體不滿足	勵志	乙武洋匡		圓神	「殘障只是我身體的特徵，沒有必要為身體上的特徵而苦惱。」這種對生命充滿樂觀、熱愛與勇氣的正面形象與特質，正是能提振人心，鼓舞生命向上的力量。
天天超越自己：秀出最棒的你！	勵志	戴晨志		時報	本書藉由頗具趣味的故事情節，引領讀者從中尋得人生智慧與心靈啟發，挖掘生命中的美好與驚奇，不因灰心喪志而被擊倒，反能樂觀的向前邁進，超越自己。
一無所缺的人生：蓮娜瑪莉亞寫真	勵志	蓮娜瑪莉亞·克林佛		傳神愛網	蓮娜瑪莉亞出生於瑞典，生下來就沒有雙臂，左腿只有右腿的一半長，但仍舊覺得自己的人生是很棒的！樂觀的生命態度，使她的人生過得更精采。
創意人生	哲學	傅佩榮		業強	活著，必須不斷自我超越。唯有激發潛能、培養創意、塑造自己、堅定信心，才能適應充滿變化的世局。
俠風長流：劉俠回憶錄	散文	杏林子		九歌	書中每個字，每張照片，是劉俠一生的奮鬥縮影。她檢視自己的一生，從童年開始一步步艱辛的邁向人生大道，有哭泣、有歡樂、有幾度與死神擦肩而過的驚險，更有風起雲湧的社運工作。
最後十四堂星期二的課	哲學	米奇·艾爾邦		大塊	作者米奇·艾爾邦在老師最後幾個月的生命裡，固定每個星期二去探望他。墨瑞面對著死亡逼近，卻仍保有熱情和幽默感；藉著每個星期二的談話，漸漸的柔軟了米奇世故冷漠的心，是有關生死之智慧的課。
用腳飛翔的女孩：無臂單腳的奮鬥奇蹟	傳記	蓮娜瑪莉亞·克林佛		傳神愛網	這是一本充滿希望與奇蹟的書，故事裡有親情友誼的溫馨、愛情的嚮往與堅持、體能的極限挑戰、屢仆屢起的人生歷程，充滿了歡笑與眼淚，感人至深。

書名	類別	作者	繪者	出版社	內容介紹
喜歡自己，別人就會喜歡你	勵志	蒲公英	蒲公英	可道書房	如果認為特殊重要的人物才會擁有生命中偉大的目標，將永遠無法逃脫凡夫俗子的命運。不管過去如何，了解自己也有獨特、與眾不同的一面，並相信自己的生命與其他人同樣偉大，生命將會有所轉變。

體驗生活

初階　生活的溝通橋樑

中階　超級販賣員

進階　生活大轉彎

【初階】   體驗生活

生活的溝通橋樑

陳芷珊

生活中，人與人之間的溝通，就像我們的生理需求一樣，不可或缺。但是，溝通不一定都是面對面的，如何在長短距離間，保持暢通而且安全的溝通管道，對現代人而言，愈來愈重要了。正因為「通訊」與生活的關係密不可分，因此，透過這次的教學活動，我們將焦點著重於三部分：在「四通八達通訊展」中，學生將對日常生活常見的通訊方式有所認識；「走在溝通的橋樑上」中，不僅讓學生實際演練打電話的禮節及技巧，並學習如何寫信，也讓學生了解生活中，什麼時候該說「請」、「謝謝」、「對不起」；在「溝通橋樑小心行」中，則讓學生體認現今社會所存在的通訊陷阱，讓學生學習自我保護。

壹、在這個活動中，學生將要：

一、知道通訊與生活的密切關係。

二、認識日常生活中常見的通訊設施。

三、認識通訊設施的演進史。

四、演練打電話時應注意的禮節。

五、自己完成書寫一封簡易的信和信封。

六、創作有趣的郵票。

七、學習分辨現代社會中的通訊陷阱。

八、學習自我保護，避免落入通訊陷阱。

貳、教學活動：

一、活動步驟

（一）引起動機：教師導讀繪本《企鵝與猴子》（文、圖：狄爾・威斯米勒，出版社：台灣麥克），故事的內容是描述一隻住在南極的企鵝與一隻住在熱帶雨林的猴子，二者藉由書信的往返，維繫彼此的友誼。藉此將課程導入這次的教學目標中，讓學生了解通訊與生活的密切關係。

（二）老師引導，請小朋友想一想，在自己的經驗中，如果對方不在身邊時，可以利用什麼方式與對方聯繫？

（三）歸納並整理學生所發表的答案，例如：打電話、打手機、寫信、寫電子郵件等。

（四）老師引導學生認識人類通訊設備的簡易演進史，可讓學生知道從電報、電話、手機到現今光纖通信等，使學生體驗生活文明的不斷進步。

（五）進行第二部分「走在溝通的橋樑上」。首先，老師引導學生建立打電話的禮儀規範，並將「請」、「謝謝」、「對不起」這三種常見的溝通語言放入其中。老師可以舉例說明，並請小朋友思考，如果沒有這些語言「請」、「謝謝」、「對不起」，就可能會出現什麼情況？例如：有人打錯電話，卻沒有向你說聲「對不起」時，你心中的感受如何？

（六）狀況模擬活動：將全班分組，每一組選一種情境，共同討論角色與電話對談內容，例如：

1. 到學校時卻發現忘了帶美術用具，請爸媽幫忙。
2. 生日時，邀請朋友到家裡玩。
3. 房子失火了，打電話求救。
4. 打電話向同學詢問功課。
5. 肚子餓了，打電話訂披薩。

（七）全班根據表演內容，進行討論與回饋。

（八）老師向學生介紹書信的書寫方式及格式。

(九)選定一個主題（給老師的一封信），請小朋友練習寫一封信給老師，並練習信封的書寫。

(十)請小朋友蒐集已用過的郵票，並將這些郵票展示出來。

(十一)讓小朋友親手設計自己的郵票圖案。

(十二)將完成的郵票貼在已書寫的信封上，展示每個學生的作品。

(十三)老師向學生說明現今社會中存在的通訊陷阱。例如：利用電話、手機詐騙錢財或是透過網際網路從事犯罪行為。

(十四)指導學生如果面臨這類的狀況，必須自我保護，並尋求家長及老師的協助。

二、延伸活動

日常生活中有許多有意義的查號台，所以在這個主題的延伸活動，可以讓孩子更進一步了解生活中具有功能性的電話號碼。在「中華黃頁／網頁電話簿」的網頁中，共歸類成三種：常用服務電話、交通服務電話，以及社會服務電話，可供老師參考使用。

參、學生將學會：

學習目標	對應之九年一貫課程能力指標	
一、會根據生活經驗，發表所知道的通訊方式。	語文 C-1-1-1-1	能清楚明白的口述一件事情。
	社會 8-1-1	舉例說明科學和技術的發展，為自己生活的各個層面帶來新風貌。
	生活 3-1-1	舉例說明科學和技術的發展，為自己生活的各個層面帶來新風貌。
二、了解通訊生活中，個人與環境的相互關係，並培養與自然環境相關的個人興趣、嗜好與責任。	生活 3-1-2	舉例說明各種關係網路（如：交通網、資訊網、人際網、經濟網等）如何把全球各地的人聯結起來。
三、表達適當的電話禮儀。	語文 B-1-1-6-7	能學會使用禮貌語言，適當應對。
	語文 C-1-4-8-2	使用電話與人交談時，能掌握說話主題。
	生活 8-1-2	察覺到每種狀態的變化常是由一些原因所促成的，並練習如何去操作和進行探討活動。
四、書信的正確書寫方式及格式。	語文 A-1-5-4-1	能應用注音符號，輔助表達自己的經驗和想法（如：寫日記、便條等）。
	語文 F-1-3-4-3	能配合日常生活，練習寫簡單的應用文。如：賀卡、便條、書信及日記等。
五、創作有趣的郵票圖案。	藝文 1-1-3	使用媒體與藝術形式的結合，進行藝術創作活動。
六、面對通訊陷阱時，懂得以從容不迫的態度，尋求各種協助，以學習自我保護。	健體 5-1-1	分辨日常生活情境的安全與不安全。

肆、小筆記：

伍、學習單：

（一）生活溝通橋樑：電話禮儀

親愛的小朋友，還記得剛剛大家所表演各種正確的電話禮儀嗎？趕緊完成下列的各項挑戰題，你就能成為宇宙超級無敵的小紳士或小淑女了喔！

挑戰一：想一想，對的打✔，錯的打✗

1. （　）可以一邊吃東西一邊打電話。
2. （　）打電話請爸爸、媽媽幫忙送東西給你時，說話態度可以很兇，並用命令的語氣。
3. （　）通話中要常說「請」、「謝謝」、「對不起」。
4. （　）電話接通後，應以和氣的語氣先向對方說明自己的姓名。

挑戰二：將小組討論後的答案寫下來

我們的狀況是……
- □ 到學校時卻發現忘了帶美術用具，請爸媽幫忙。
- □ 生日時，邀請朋友到家裡玩。
- □ 房子失火了，打電話求救。
- □ 打電話向同學詢問功課。
- □ 肚子餓了，打電話訂披薩。

我們所討論的電話對話內容……

_____

_____

自我評分	家長的話	老師評語
☆☆☆☆☆		

（二）生活溝通橋樑：飛鴿傳書

※親愛的小朋友，讓我們再複習一遍正確的書信格式吧！

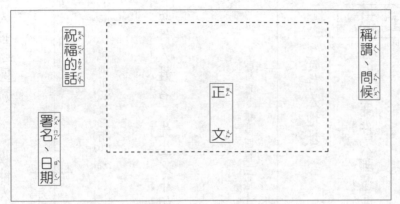

※知道了正確的書信格式後，接著就是大家大展身手的機會囉！請小朋友提筆寫一封信給老師，信件的內容是有關你的學校生活點滴喔！

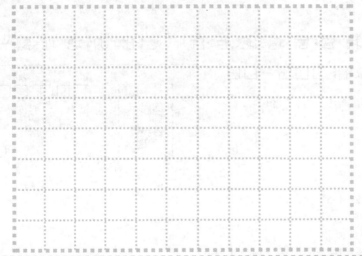

自我評分	家長的話	老師評語
☆☆☆☆☆		

（三）生活溝通橋樑：信封書寫

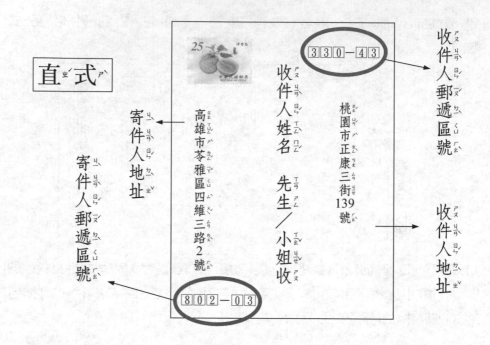

直式

收件人郵遞區號

收件人地址

330－43

收件人姓名　先生／小姐收

桃園市正康三街139號

寄件人地址

高雄市苓雅區四維三路2號

寄件人郵遞區號

802－03

寄件人地址

直式　我要寄信給老師，老師的地址是……
郵遞區號□□□－□□

張貼自己設計的郵票

□□□－□□

□□□－□□

陸、評量標準：

評量標準		
編號	工作	評量細目
1	發表自己的看法	語意清楚表達自己所知道的通訊方法，以及心中的感受，同時也能專心聆聽他人的敘說。
2	表達適當的電話禮儀	配合學習單的引導，可以寫下並表演出正確的電話對答禮儀。
3	完成簡單的書信（包含信封的格式與郵票的設計）	能依教師指定的主題，應用注音符號寫下五十至一百字的書信，與信封和郵票的設計。其中，書信與信封的格式必須正確。
4	建立自我保護的觀念	能說出自己面對通訊陷阱時，會以從容不迫的態度，尋求各種協助，藉以學習自我保護。

柒、相關網站：

網站及網址	網站介紹
中華電信兒童網頁 http://www.cht.com.tw/CompanyCat.php?CatID=660	有關電信演進及電信服務的介紹，為了便於兒童使用及瀏覽，所以採淺顯易懂的文字說明。
hiPage 中華黃頁——網路電話簿 http://hipage.hinet.net/usefulphone.asp	提供生活中具有功能性的電話號碼。共歸類有三：常用服務電話、交通服務電話以及社會服務電話。
有禮和和氣氣，有禮萬事如意——電話禮儀須知與應用 http://www.ntl.gov.tw/publish/soedu/235/text_07.html	網站內容摘自《社教雜誌》第 235 期，一篇有關電話禮儀須知與應用的文章，說明言簡意賅。
內政部警政署 http://www.npa.gov.tw/	官方網站，可以從這個網站中，知道社會中常發生的通訊陷阱，以及自我保護之道。
兒童自我保護網路護照——網路版 http://www.eksoft.com.tw/child/main.htm	該網站內容有：介紹網際網路、宣導網路安全、資料隱私權、正確上網，與使用電腦時的正確姿勢，並提供網路自我保護、搜尋資料等學習單。

捌、我的表現（評量表）：

我的表現如何？	學生自評			老師回饋		
	我真是有夠讚	我的表現還不錯	我還需要再加油	你真是有夠讚	你的表現還不錯	再加油一點會更棒
我能夠						
1 我能按照老師指示完成活動。						
2 我能用心寫作。						
3 我將找到的資料，用心的黏在學習單上。						
4 我用心的回答學習單的問題。						
5 我專心的聆聽他人的意見發表。						
我做到了						
1 我完成一封寫給老師的信。						
2 我完成自己設計的郵票。						
3 我在打電話的遊戲中，非常有禮貌。						
4 我會告訴大家保護自己的妙招。						
我學會了						
1 我知道生活中通訊設施有哪些。						
2 我知道為什麼要學習這個主題。						
3 我知道如何遵守打電話的禮儀。						
4 我知道如何寫信。						
5 我學到與他人分享的許多經驗。						

◎老師想對你說的話：

玖、延伸閱讀：

書名	類別	作者	繪者	出版社	內容介紹
企鵝與猴子	繪本	狄特爾·威斯米勒	狄特爾·威斯米勒	台灣麥克	有一隻猴子到南極去玩，認識了一隻企鵝，並結為好朋友。然而，因為水土不服而無法在一起，牠們卻又很想快樂的一起玩，所以牠們就利用寫信的方式。
神祕的生日禮物	繪本	艾瑞·卡爾	艾瑞·卡爾	上誼	一個小男孩在聖誕夜收到一封神祕的信。上面的一些文字是用符號代替，而且要他照著指示做就可以找到聖誕禮物，這些符號是配合每頁書上的符號形狀。本書一定能吸引小朋友的興趣，帶領他們跟著主角一起尋找神祕的聖誕禮物。
小怪物出門囉！	繪本	Ji-Yoon Shin	Yong-Wook Song	啟思教育	無聊的小怪物決定出門找事做，但是，不懂禮貌的牠，卻頻頻被大家糾正說話的方式。從故事中，教導孩子正確的說話語氣及問候語。
如果樹會說話	繪本	郝廣才	卡門凡佐兒	格林	一個男孩想：「樹為什麼不說話？如果樹會說話，它會說什麼？」做豎琴的老人教小男孩做豎琴並四處演奏，用琴來說人們想聽的話，安慰人們的心。樹和人、人和大自然之間有著微妙的關係，互相牽引著，多少的感動盡在不言中。
木偶奇遇記	繪本	柯洛帝	英諾桑提	台灣麥克	「不可以說謊喔！說謊的小孩鼻子會變長。」這句警告隨著《木偶奇遇記》，流傳在全世界兒童的耳邊。故事中奔放的想像力，看在充滿好奇心的孩子眼裡，卻永遠如此新鮮有趣，驚險刺激。
科索亞多，這座森林的故事：不可思議的樹果	小說	岡田淳作	岡田淳作	豐鶴	故事的開始由一封捎至科索亞多森林、海膽號、斯奇帕先生的信，引發讀者的好奇。這封信是由巴八小姐所寄的，送給斯奇帕一種叫作「波亞波亞」的樹果，可是因為信弄濕了，所以如何烹煮「波亞波亞」的料理法，卻因而模糊了。斯奇帕為此相當苦惱，於是他鼓起勇氣向森林中的友人詢問，但即使等到果實發芽，大家卻始終不知如何正確料理，後來總算巴八小姐再次捎信，才解開大家的疑惑。

書名	類別	作者	繪者	出版社	內容介紹
小朋友的信	作文教室叢書	國語日報出版中心編選		國語日報	這本書裡的兩百多封信,都在《國語日報》「兒童」副刊「小朋友的信」專欄上發表過。透過閱讀,不僅可以讓小朋友學習書信的寫作技巧,更可以讓小朋友體驗寫信的魅力。
爸爸的十六封信	散文	林良		台灣省教育廳	在這本書中,所選錄的信都是作者寫給他的女兒茵茵的信。每一封信都有一定的道理,也娓娓道出做父親的酸甜苦辣。

【中階】 體驗生活

超級販賣員

陳芷珊

對國小階段的學生而言，與父母一同去逛街，通常是一件相當快樂的事，因為不僅可以吃吃喝喝，還可以買喜歡的文具用品或遊戲器材。所以，在這次的教學活動中，學生將轉換消費者的角色，從而體驗我們經濟生活中的服務者角色。活動的進行分為三個部分，將教室營造成商店街的情境，第一部分為「有趣的叫賣聲」，帶入有節奏感的叫賣聲，引導孩童分組創作叫賣聲及叫賣語言；第二部分為「推銷高手」，分組設計宣傳海報；第三部分為「老闆與顧客」，讓孩童練習閩南語的對話句型。

壹、在這個活動中，學生將要：

一、由老師導讀，共同聆聽繪本《嘉貝拉的歌》。

二、舉出日常生活中常聽見的叫賣聲。

三、模仿老師的節奏，並正確的拍唸出叫賣聲。

四、分組創作出有節奏的叫賣聲。

五、蒐集生活中，各種商店的宣傳單。

六、分組設計宣傳海報及宣傳單。

七、學會使用簡單的河洛語句型，進行對話練習。

貳、教學活動：

一、活動步驟

(一)引起動機：教師導讀繪本《嘉貝拉的歌》（文：肯戴恩・佛萊明，圖：吉絲莉・波特，出版社：和英），藉由繪本中嘉貝拉聽到的叫賣聲，並結合優美的歌聲，將課程導入這次的教學情境中。

(二)請學生分享自己逛街（逛夜市、大賣場等）的經驗及所聽見的叫賣聲。

(三)進行第一部分「有趣的叫賣聲」，老師播放幾段預先錄製的叫賣聲，例如「燒肉粽」、「芋粿、菜頭粿、鹹甜粿」等。

(四)鼓勵學生再發表常聽見的叫賣聲，並引導小朋友從食、衣、住、行、育、樂等各方面去思考。

(五)由老師指定節奏，學生練習並以正確的節奏拍唸出叫賣聲。例如：

便　當　　　　　好　吃　的　便　當

(六)運用相關實物，引導學生利用四分音符、附點四分音符、八分音符及休止符進行分組創作。

(七)發給每組鈴鼓，進行分組創作發表，教師可以引導小朋友加入有趣的肢體表演。

(八)第二部分「推銷高手」，請小朋友回家先蒐集報紙內的廣告單或信箱內的商店宣傳單。

(九)依據食、衣、住、行、育、樂六大類，將學生所蒐集的宣傳單進行分類展示及討論。

(十)老師依據這六大類，請各組抽籤決定設計的主題。主題可分為：美食主義、小小模特兒、理想的家園、快樂單車、萬能的書包、有趣的童玩等。

(十一)每一小組針對所抽選的主題，共同討論並設計出商品的宣傳單（學習單）及攤位的宣傳海報（四開的海報）。

(十二)進行第三部分「老闆與顧客」活動。老師引導學生練習「人客，歡迎來裡面看！」及「頭家攏總偌濟錢？」兩個對話句型。

⒀老師統整並說明「人客，歡迎來裡面看！」這個句型的意義。可以引導學生如果要成為一位成功的老闆，一定要對顧客有禮貌。並請學生上台示範表演。

⒁老師統整並說明「頭家攏總偌濟錢？」這個句型的意義。可以結合英語教學，告訴學生這句話相當於英語中的「How much?」

二、延伸活動

經過這三個部分的學習活動，老師可以結合學校或學年的主題統整活動，進行跳蚤市場的活動。老師帶領學生利用這次所學習的技巧，實際進行販賣活動，讓學生有實際演練的體驗和樂趣。

參、學生將學會：

學習目標	對應之九年一貫課程能力指標	
一、正確的拍唸節奏，並且搭配叫賣聲創作。	藝文 1-2-2	嘗試以視覺、聽覺及動覺的藝術創作形式，表達豐富的想像與創作力。
	藝文 1-2-5	嘗試與同學分工、規畫、合作，從事藝術創作活動。
二、蒐集資料的能力。	語文 E-2-6-3-1	能利用圖書館檢索資料，增進自學的能力。
三、利用各種繪畫媒材，共同創作商品宣傳單及海報的能力。	藝文 1-2-5	嘗試與同學分工、規畫、合作，從事藝術創作活動。
	藝文 3-2-11	運用藝術創作活動及作品，美化生活環境和個人心靈。
四、使用河洛語招呼顧客及詢問價格的對話句型。	語文 1-2-9	加強聽辨閩南語日常語言禮貌的能力。
	語文 2-2-13	能運用日常閩南語，以合適的方式與各種人士對話。
五、培養買賣商品應有的禮貌。	社會 7-2-1	指出自己與同儕所參與的經濟活動及其所滿足的需求與動機

肆、小筆記：

伍、學習單：

（一）體驗生活：創作有趣的叫賣聲

　　親愛的小朋友，請根據指定的節奏，發揮你們的想像力，完成下列兩項的小組創作喔！

範例：

創作一：

創作二：

自我評分	家長的話	老師評語
☆☆☆☆☆		

（二）體驗生活：宣傳單創作

親愛的小朋友，透過宣傳單的蒐集活動，你覺得有哪些因素是最能吸引大眾目光的行銷手法，請將你的看法寫下來。（請至少寫出三點喔！）

大展身手：請針對小組所抽到的主題，設計商品宣傳單。

陸、評量標準：

評量標準		
編號	工作	評量細目
1	分享自己所知道的事物	能語意清楚的向同學及老師分享自己所知或常聽到的叫賣聲。
2	正確的拍唸節奏，並搭配叫賣聲創作	能跟隨老師所指定的節奏拍唸，並請透過小組合作進行創作。
3	創作宣傳單及宣傳海報	能運用各種創作媒材，在共同討論後，進行宣傳單及宣傳海報的設計。
4	學習河洛語對話句型	能認真學習老師所指定的對話句型，並將所學運用到生活情境中。

柒、相關網站：

網站及網址	網站介紹
鄉音古調 http://www.taiwan123.com.tw/MUSIC/old07.htm	介紹一首台灣民眾耳熟能詳，並且可以琅琅上口的歌——「燒肉粽」。
話說 4A 自由創意獎得獎作品 http://www.aaaa.org.tw/html/award_fin_001.html	在這個網站中，可以讓學生欣賞參賽者的作品，其中就包含最佳平面廣告獎及最佳平面廣告文案獎。
街頭叫賣曲 http://casa.51.net/anl/oncc/data/c53-streetsongs.htm	此篇乃是介紹明末清初在廣州街頭的流動小商販，他們沿街的叫賣聲，就像是一首民間風情交響樂。所以，可以從這個網站中，看到與台灣不同的叫賣聲。
教學研究 / 音樂教育文論 http://content.edu.tw/primary/music/tp_ck/education/contcnt-13.htm	有關國小音樂教學的教學方法及音樂教學的實際應用，其中包含這個單元的教學活動。
平面設計比賽得獎作品展覽 http://www.hkiac.gov.hk/2002/chi/other/	為香港地區因應二○○二年「國際綜藝合家歡」活動所舉辦的平面設計比賽作品，可以利用入選作品，向小朋友介紹平面設計的創作祕訣。
世界節慶 http://udn.com/SPECIAL_ISSUE/TRAVEL/UDNTRAVEL/menu/ho-index.shtml	國家總覽：日本、韓國、菲律賓、印尼、泰國、以色列、挪威、丹麥、瑞典、芬蘭、匈牙利、南斯拉夫、荷蘭、俄羅斯、法國、德國、英國、義大利、美國、加拿大、墨西哥、多明尼加、牙買加、薩爾瓦多、瓜地馬拉。

捌、我的表現（評量表）：

我的表現如何？						
		學生自評			老師回饋	
	我真是有夠讚	我的表現還不錯	我還需要再加油	你真是有夠讚	你的表現還不錯	再加油一點會更棒
我能夠						
1 我能按照老師指示完成活動。						
2 我能想到日常生活中常聽見的叫賣聲，並且在課堂中發表。						
3 我能運用節奏，創作叫賣聲。						
4 我用心的回答學習單的問題。						
5 我專心的聆聽他人的意見發表。						
6 我用心設計作品。						
我做到了						
1 我和小組成員合作完成「叫賣聲」的創作。						
2 我能完成正確的拍唸。						
3 我完成了宣傳單及宣傳海報製作。						
4 我能使用今天所學的對話句型。						
我學會了						
1 我發現生活中有趣的叫賣聲。						
2 我知道為什麼要學習這個主題。						
3 我知道如何運用節奏創作叫賣聲。						
4 我設計一份吸引大眾目光的宣傳單及海報。						
5 我知道使用河洛語進行顧客與老闆的簡單對話。						

◎老師想對你說的話：

_____

_____

玖、延伸閱讀：

書名	類別	作者	繪者	出版社	內容介紹
第一次上街買東西	繪本	筒井賴子	林明子	漢聲	對於小朋友來說，家門外的世界，即使是附近的街道和商店，總是充滿了新奇好玩的事物和經驗。本書以買東西為主題，很容易與孩子的生活經驗做結合。
跟仙子買東西	幻想故事	莎麗·賈德娜		遠流	小朋友總會幻想自己是王子、公主，甚至是仙子。在本書中，有許多童話生活商品目錄，小自食衣住行，大至成員組合，滿足了小朋友的無限想像。
第一百個客人	繪本	郝廣才	朱里安諾	格林	大熊阿比開了一間披薩屋，鱷魚阿寶平時幫忙看店，有時還大顯身手做甜點。有一天來了一對祖孫，他們身上的錢只付得起一塊披薩，老奶奶心疼孫子，將披薩讓給孫子吃。阿比和阿寶看在眼裡，十分感動，他們送給老奶奶一個熱騰騰的披薩，並宣稱這是成為本日第一百個客人的禮物。隔天，牠們驚訝的看到孫子竟守候在店門口，數著客人的數目，只為了成為那第一百個客人。
威尼斯商人	繪本	瑪麗蘭姆	杜桑凱利	格林	威尼斯商人夏洛克是一個刻薄的高利貸商人，有一天巴薩尼為了向夏洛克借錢，請來熱心的安東尼做擔保，沒想到巴薩尼還不出錢，於是夏洛克決定依照合約，要安東尼胸口的一磅肉，巴薩尼的太太為了解救他們，與夏洛克展開一場鬥智的審判。
時報廣場的蟋蟀	小說	喬治·塞爾登		東方	一隻蟋蟀跟著火車來到了倫敦，被人收留，主人很窮困，在時報廣場賣報。後來因為牠會表演發出奇特的聲音，吸引更多的生意上門，讓主人的經濟改善，最後主人送牠回家鄉。

　　　　　　　　　　　　　　　　　　體驗生活

生活大轉彎

陳芷珊

> 　　個人的成長免不了要經歷各式各樣生活轉變，這些轉變，使我們必須學習以健康的態度，去承擔一些預期（例如：畢業、自然死亡）以及非預期（例如：搬家轉學、天災人禍）的生活歷程。由於孩子的人生歷練不像成人來得豐富，各方面的能力也不如成人來得發展成熟，所以，引導學生體驗生活形態急速轉變，並學習擁有健康的心理，迎接新生活，亦為生活教育的一環。所以，在這次的教學活動中，學生分組蒐集近年來的國內外事件，造成生活的重大轉變。再從「分組簡報活動」及「狀況體驗週活動」中，引導學生了解，當生活突然發生轉變時，應如何面對。並達到提升學生運用科技與資訊能力，及表達、溝通與分享的能力的教學目標。

壹、在這個活動中，學生將要：

一、分組討論並選擇一個感興趣，且有關於會影響生活變化的研究主題。

二、就選定好的題目進行研究，查詢相關的報導與資料。

三、利用 Power Point 軟體，製作成有系統的研究主題簡報。

四、上台進行口頭報告。

五、學習在困境中，以勇敢且發揮創意的精神過生活。

六、表達自己對生活價值的認同。

貳、教學活動：

一、活動步驟

（一）引起動機：老師播放十分鐘左右的【生生長流】影片的精采片段。
（【生生長流】是伊朗電影大師阿巴斯的經典作品，內容在描述伊朗
的人民雖遭遇大地震、數萬人傷亡之後，心中仍保持著隨遇而安的樂
觀天性。）

（二）針對影片內容，向學生提出若干問題一同思考、討論並完成學習單
（一）。

（三）老師歸納學生所提出的答案，並提示「天有不測風雲，人有旦夕禍
福」的生命哲理。

（四）老師提示影響個人生活大轉變可能的原因，包含一些預期（例如：畢
業、自然死亡）以及非預期（例如：父母離婚、搬家轉學、身染疾病
或天災人禍等）的生活歷程。

（五）進行分組討論，並選擇一則感興趣，且有關於影響生活發生變化的研
究主題。在尚未確認主題前，教師宜引導學生，使學生的主題扣緊教
學目標，並讓各組的主題各自獨立，不要有重複的主題。

（六）給學生兩個星期時間蒐集及彙整資料，以便就選定好的題目進行研
究，查詢相關的報導與資料。教師可以引導學生多利用社會資源──
圖書館，並指導學生利用電腦課進行網際網路的搜尋。

（七）結合電腦課程，指導學生將已蒐集的資料，利用 Power Point 軟體製作
成有系統的研究主題簡報。

（八）分組進行六至八分鐘的專題報告，報告結束時，可開放台下的聽眾發
問，以增進台上與台下的互動。

（九）全班票選「最佳簡報設計獎」、「報告內容翔實獎」、「唱作俱佳
獎」及「團隊合作獎」。教師可依實際的分組數量增減獎項，提高學
生的學習成就感。

（十）在進行活動二之前，老師必須先將活動目標及活動內容與家長與科任
老師，做詳盡的溝通與解釋，取得雙方的同意與支持。

（十一）進行第二部分「狀況體驗週」活動。以一週為限，在班級內實施半天

一狀況的生活轉變的挑戰。為了確保每個學生都能遵守遊戲規則，確實參與體驗活動，小組推派一位代表，負責監督其他組員是否有違規現象，若有違規現象則必須扣點。活動結束後，小組點數愈高者，可獲得「因禍得福超級大獎」。（老師可依學生情況，給予實物獎賞。）

㈣在半天一狀況的生活轉變的挑戰中，分別安排的狀況題為：

1. 星期一：全班學生必須共同體驗語障生的學習生活。在這半天中，學生僅能以書寫或比手畫腳的方式與人進行溝通，如開口講話即犯規，並須扣點。

2. 星期二：全班學生必須共同體驗上肢障礙生的學習生活。在這半天中，學生不可使用雙手來做任何的活動。（但為顧及學生的衛生，如廁或飲食可放寬限制。）

3. 星期三：全班學生必須共同體驗視障生的學習生活。在這半天中，學生兩兩一組，其中一人扮演視障者，一人扮演明眼人，明眼人必須協助視障者平安度過這半天的生活。

4. 星期四：全班學生必須共同體驗缺乏水源的生活情境。在這半天中，每一小組只有一個五百西西容量的水源，供他們全組成員共同飲用或清洗。

5. 星期五：全班學生必須共同體驗缺乏電力的生活情境。在這半天中，教室內禁止使用任何插電的設備。（如遇天候不佳的狀況，活動內容可彈性調整。）

㈤老師引導學生將這次的體驗活動化為文章，寫成一篇名為「我的生活新觀念」的作文。

㈥老師歸納統整這次的教學目標，並提醒學生重視自己的生命價值、珍惜自己擁有的生活。

二、延伸活動

　　老師可以和輔導主任或相關行政人員商討，以學校名義，邀請社會中確實展露突破生活難關的成功實例的相關人士，邀請他到校舉辦專題演講。透過親身的經驗分享，提高學生的學習成效。例如，口足畫家謝坤山先生。

參、學生將學會：

學習目標	對應之九年一貫課程能力指標	
一、蒐集資料的能力。	語文 E-2-2-1-1 語文 E-2-6-3-1	養成主動閱讀課外讀物的習慣 能利用圖書館檢索資料，增進自學的能力。
二、利用 Power Point 軟體製作成有系統的研究主題簡報。	語文 C-2-3-8-9	能利用電子科技，統整訊息的內容，作詳細報告。
三、利用 Power Point 簡報輔助，進行專題口頭報告。	語文 B-2-1-5-2 語文 C-2-1-1-2 語文 C-2-2-2-2	能讓對方充分表達意見。 能和他人交換意見，口述見聞，或當眾做簡要演說。 能針對問題，提出自己的意見或看法。
四、以健康、勇敢的態度，體驗老師所指定的生活危機狀況。	社會 9-3-4 健體 5-2-3 健體 6-2-5 綜合 2-3-3 綜合 4-3-1	列舉全球面臨與關心的課題（如：環保、飢餓、犯罪、疫病、基本人權、經貿與科技研究等），並提出問題解決的途徑 評估危險情境的可能處理方法及其結果。 了解並培養健全的生活態度。 規畫改善自己的生活所需要的策略與行動。 認識各種災害及危險情境，並實際演練如何應對。
五、透過書寫文章的方式，思索自己對生活轉變的態度與惜福的體會。	語文 F-2-2-1-1 語文 F-2-3-4-2	能掌握詞語的相關知識，寫出語意完整的句子。 能掌握記敘文、說明文和議論文的特性，練習寫作。

肆、小筆記：

伍、學習單：

（一）生活大轉彎：影片省思

姓名：_____

想一想，看完了【生生長流】這部影片，你對以下四個問題的看法。

📷 影片中原本平靜的生活遭遇了什麼事件，使主角的生活大轉彎？	📷 在你的認知中，哪些生活的轉變，讓你較為擔心、害怕？
📷 舉例說一說，你曾親身經歷、且讓你的生活產生變化的事件。	📷 舉例說一說，你所知道的國內外所發生的哪些大事，影響了人們平靜的生活。

（二）生活大轉彎：資料彙整單

親愛的同學，製作一份嚴謹的專題報告時，資料的蒐集是重要的步驟之一喔！所以，請將你所蒐集的資料完整的記錄在下表中喔！

資料來源	作　者	資　　料 刊登時間	內容簡述

老師的話：

陸、評量標準：

評量標準		
編號	工作	評量細目
1	發表自己的看法	語意清楚的表達自己對【生生長流】影片的觀後感，同時也能專心聆聽他人的敘說。
2	蒐集與小組主題有關的資料	配合學習單，詳細記錄資料蒐集的時間、出處、作者及內容簡介。
3	製作並發表研究專題簡報	會使用 Power Point 軟體製作成有系統的研究專題簡報，簡報內容必須包含真實事件的相關報導、圖片及對自我的生活省思。
4	體驗老師所指定的生活危機狀況	遵守遊戲規則，確實參與體驗活動。
5	作文「我的生活新觀念」	能從這個主題活動中，重新省思自己的生活哲學，並寫下八百到一千字左右的文章。

柒、相關網站：

網站及網址	網站介紹
九二一重建會全球資訊網 http://portal.921erc.gov.tw/	由九二一重建會所建立的官方網站，網站內容包含九二一後居民及地方建設的重建歷程及結果。
公視經典電影院亞洲之光 http://www.pts.org.tw/~prgweb1/masterpiece /asia/asia_16.htm	包含世界有名的一些影片，其中【生生長流】在敘述伊朗的人民雖遭遇大地震、數萬人傷亡之後，心中仍保持著隨遇而安的樂觀天性。
東暉國際多媒體（股）有限公司 http://data.tungfilm.com.tw/cv/movieses.php? select=99	從這個網站中，可以獲得【生生長流】影片的訂購資訊。

捌、我的表現（評量表）：

我的表現如何？						
	學生自評			老師回饋		
	我真是有夠讚	我的表現還不錯	我還需要再加油	你真是有夠讚	你的表現還不錯	再加油一點會更棒
我能夠						
1 我按照老師指示完成活動。						
2 我能運用 Power Point 軟體製作專題簡報。						
3 我能專心聆聽他人的意見發表。						
4 我用心設計作品。						
5 我能運用說明文的特性，練習寫作。						
我做到了						
1 我能清楚表達對事情的看法。						
2 我能妥善運用各種資源，完成資料蒐集的任務。						
3 我能認真參與小組工作，完成專題簡報的製作。						
4 我能從寫作中抒發自己的新生活觀念。						
我學會了						
1 我知道去哪裡找到有關的資料。						
2 我知道為什麼要學習這個主題。						
3 我知道如何將所知的資訊，很有系統的呈現出來。						
4 我發現了與主題相關的有趣事件、同時讀了圖書。						
5 我學到與他人分享的許多經驗。						

◎老師想對你說的話：

_____

_____

_____

玖、延伸閱讀：

書名	類別	作者	繪者	出版社	內容介紹
希望	繪本	羅伯英潘（澳洲）安東尼布朗杜桑凱利	羅伯英潘（澳洲）安東尼布朗杜桑凱利	格林	九二一地震之後，該為突遭劇變的人們做些什麼？能為飽受大自然驚嚇，甚至失去一切的幼小心靈做些什麼？只要有希望，時間會撫平一切憂傷！有希望，就有前進的動力，才有挑戰困境的決心和毅力。
小恩的秘密花園	繪本	莎拉·史都華	大衛·司摩	格林	一九三〇年代的美國，經歷了經濟大蕭條，灰樸樸的城市裡只有鋼筋水泥，顯得死氣沉沉，人們的臉上也忘了微笑。帶著一袋種子，第一次來城市找舅舅的小恩，決定以她的努力將微笑帶給這個城市。作者與繪者是對默契十足的夫妻檔，描述了一個感人的故事。
希望的翅膀	繪本	郝廣才	陳盈帆	格林	敘述九二一的地震，帶走了許多人的父母、兒女等親友，也使他們的心中留下一道深深的傷口。但我們台灣人不曾因生活的轉變而被擊敗，因此，這一本書，以一個小男孩對於夢想的希望，串連這一段我們所有人共同的生命記憶，並藉由文學的生命力獲得重生。
獨耳大鹿	小說	椋鳩十		天衛	本書收錄十二篇作品，獨耳大鹿描述歷經滄桑、與獵人周旋中累積了智慧的大鹿。有一次獵人們追逐鹿蹤，在荒山裡遭受驟然而來的風雨。緊張顫抖、無意中撞入神祕的洞穴，發現洞裡群鹿與群猴和平避風雨的情境。大自然裡的動物，牠們共生的方式令人不可思議。
收藏天空的記憶	小說	珮特·布森	溫帝爾·邁南	星月書房	一個單親的女孩和媽媽相依為命，常常和媽媽一起散步欣賞美麗的天空，當他們知道母親患了癌症，就和媽媽將最後一起相處的日子裡，欣賞到的天空記憶好好收藏起來。故事主角的情感以及對生命的勇敢令人感動。
我是謝坤山	傳記	謝坤山		實踐家	本書深刻描寫口足畫家謝坤山先生面對生活的巨變，卻能很快的從悲傷走出，勇敢面對人生。可以讓我們的孩子好好去思索何謂生命意義，何謂人生價值。
乞丐囡仔	傳記	賴東進		平安	本書作者賴東進不願意向命運低頭，雖然遭到恥笑及鄙視，仍憑著一股不服輸的意志與毅力，向世人證明了「乞丐囡仔」也會出頭天。

單元三

青春新少年

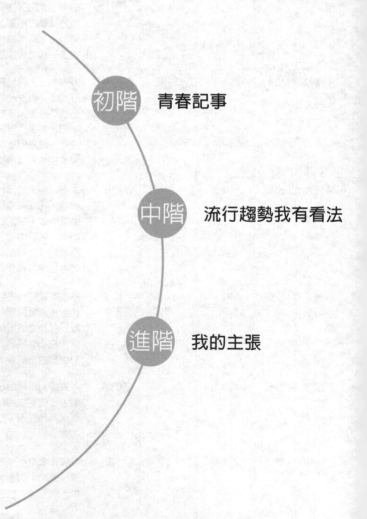

初階　青春記事

中階　流行趨勢我有看法

進階　我的主張

【初階】

青春記事

萬榮輝

> 　　青春、活力、叛逆、感傷、友情、俠義，交織成每個人青春年少的故事。因此，在這個活動裡，學生透過自己與老師，甚至是父母，分享彼此的青春記事，了解成長過程的酸甜苦辣。並讓孩子從閱讀剪報開始、繼而培養學生在發表、聆聽及寫作等語文教學活動過程中，累積語文的能量。

壹、在這個活動中，學生將要：

一、透過剪報的方式，選擇符合自己心情的內容，製作自己一週的青春心情日記。

二、願意與同學、師長分享彼此的青春心情。

三、聆聽父母或師長的青春記事，並選擇一項令自己最感興趣的事項記錄下來（可視時間決定要不要實施）。

四、製作並書寫全班青春記事本。

五、發表班級青春記事（可以透過班刊或是班級網頁等方式來呈現）。

貳、教學活動：

一、活動步驟

㈠首先，透過閱讀一些與學生年紀相仿的「青春記事」作品書報內容，例如《國語日報》裡的兒童作品等等，繼而引導學生發表近日的生活記趣，並告訴學生日子一天一天過，是否可以為自己留下些什麼？製

發學習單，發予每位學生，請學生繼續閱讀相關內容書報，並將與自己心情相似之作品剪下，黏貼於學習單上，並能簡單寫下幾句心裡的話。

(二)教師就學生完成之作品中，選輯與青春、活力、叛逆、感傷、友情、俠義等方面相關之內容，提出與同學分享，並解說其交織而成每個人不同的青春記事。同時，教師更應告訴學生，每個人的青春生活無所謂優劣之較。

(三)在分享學生的青春記事後，若老師也能分享自己的年少記事，更能使學生的學習動機持續下去，同時，也能培養學生專心聆聽的能力。

(四)分享學生以及教師的青春記事後，亦可以進一步讓學生與自己的父母說說他們在青少年的事，同時，也可藉由讓學生與父母分享彼此的青春心情，拉近親子間的關係。

(五)發予學生每人一張學習單，請學生記錄一則師長或父母曾分享過的青春記事內容，並寫下自己的感覺。教師在批閱完學生作品後，發還學生以作為心情秘密之用。

(六)準備一本空白的記事本，要學生模仿之前剪報內容方式，開放學生書寫每日生活中的心情點滴。教師應指導學生，在書寫過程中，可以回應同學的發表內容，但勿產生人身攻擊之情事，且應署名，教師也應隨時翻閱並適度給予回饋。

(七)成立班級青春記事刊物小組，定期將班級生活記事編輯成小刊物，發行至同學年的班級作分享。若學生電腦能力足夠，則亦可透過網頁方式來呈現。

二、延伸活動

　　一個班級的實施不嫌少，如果能再多幾個班級一同參與，則班級青春記事刊物的交流，對豐富學生的青春年少生涯，以及語文能力的提升更具成效。

　　除此之外，在青春期的兒童，教師可以進一步藉由閱讀與「青春新少年」主題的圖書刊物、網站等引導，豐富其學習內涵及達到充實知識、啟發思想、陶冶性情、開闊心胸，以及提升語文能力的教育目標。至於相關資訊，教師可參閱下面之相關網站及延伸閱讀部分。

參、學生將學會：

學習目標	對應之九年一貫課程能力指標	
一、會利用剪貼文章的方式，提升閱讀的能力。	語文 E-2-2-1-1	能養成主動閱讀課外讀物的習慣。
	語文 E-2-4-7-4	能將閱讀材料與實際生活情境相聯結。
	語文 F-2-4-4-2	能配合閱讀教學，練習撰寫摘要、札記及讀書卡片等。
二、能聆聽他人的心情故事，以及願意與他人分享心情記事。	語文 B-2-1-5-2	能讓對方充分表達意見。
	語文 B-2-2-7-8	能簡要歸納聆聽的內容。
	健體 1-2-4	探討各年齡層的生理變化，並有能力處理個體成長過程中的重要轉變。
三、會寫下一則生活小故事。	語文 F-2-6-7-1	練習利用不同的途徑和方式，蒐集各類可供寫作的材料。並練習選擇材料，進行寫作。
四、能體會及尊重他人的看法。	語文 E-2-9-8-1	能利用電腦和其他科技產品，提升語文認知和應用能力。
	語文 C-2-1-1-2	能和他人交換意見，口述見聞，或當眾做簡要演說。
	綜合 1-3-1	欣賞並接納他人。

肆、小筆記：

伍、學習單：

（一）心情剪貼單

　　小朋友，你現在的心情如何呢？還記得上課時老師介紹給你們看的文章嗎？現在就請你找一篇與自己最近心情相同的短文，並在閱讀後將它黏貼在此處（當剪貼的內容過大，你也可以用浮貼的方式來做），還有回答下面的幾個問題。

問題回答

一、我剪的這篇文章是有關於青少年的：□青春成長、
　　□健康活力、□叛逆、□感傷、□友情、□俠義、
　　□親情、□愛情、□_____。（可以多選）

二、我了解這篇文章的內容：

人　　物	時　　間
為了什麼事	
結　　局	

三、我最喜歡其中的一句話是：

_____

　　小朋友，完成後你給自己幾個星星呢？☆ ☆ ☆ ☆ ☆（請直接塗上顏色，星星越多表示越努力。）

（二）青春記事簿

　　每個人在青春時期總會有那麼一段令人回味的往事，也值得與大家分享。現在請你配合老師的引導，記錄一則自己或是爸爸、媽媽、老師，甚至和自己常相處的親人在青春時期的英勇、感傷、興奮、愛情⋯⋯等等事蹟。

　　記得＿＿＿＿＿＿＿＿（可以填上自己的名字或是爸爸、媽媽、老師，甚至和自己常相處的親人）曾在＿＿＿＿＿＿＿＿＿＿＿＿＿＿＿＿＿＿＿（請寫時間和地點，比如小學五年級在學校外的人行道）做過⋯⋯

- -

- -

- -

- -

- -

- -

想想那時候

如果能回到那個時候，我會這樣做或建議：

- -

- -

- -

（三）班級青春記事簿

話我心情——畫我心情

回應區

陸、評量標準：

評量標準		
編號	工作	評量細目
1	剪貼文章	閱讀書報，剪下一則符合青春主題之文章，黏貼於學習單上。
2	主動閱讀文章	配合學習單的引導，會分析所閱讀文章的主要內容。
3	分享自己的心情記事	語意清楚的表達自己最近所發生之事，以及心中的感覺，同時也能專心聆聽他人的敘說。
4	記錄一則心情記事	意思清楚的記下自己或是分享對象敘述青春時所發生的事，並說明自己對這件事的看法或建議。 若學生能力無法呈現時，可以請他用口頭說明即可。
5	話「自己」心情、畫「自己」心情	用文字或圖畫，寫（畫）下自己當下的生活感受。文字敘述簡單明瞭、文筆流暢、真情流露。圖畫畫面整齊清晰，一目了然。

柒、相關網站：

網站及網址	網站介紹
我要長大了──青春出少年 http://gnae.ntptc.edu.tw/du/淡水文化基金會少年禮.htm	介紹淡水文化基金會少年禮的活動情形，少年禮的構想來自於成年禮，少年禮的主要目的在於教導兒童面臨自己的成長，願意好好的、很正面、平實的去面對，一步一步踏實的去學習。
青少年手冊 http://madou.tncp.gov.tw/兒童網頁.htm	從青春禁忌之法律篇、打工篇、自救篇、幫幫我篇及青春無悔之保護篇等五個層面，教授小朋友在青春成長過程中，當面對一些不愉快的事件時，應如何應對，以期有個健康快樂的成長。
國民健康局青少年網站 http://www.young.gov.tw/index2.htm	本網站提供了國小、國中與親職性教育資訊，包括兩性主張、性教育、青少年保健門診醫院與諮詢機構資訊等。是一個可以讓學生從了解身體成長開始，到認識青春期身心發展、戀愛、性、飲食與追求流行、明辨事物等等的優良官方網站。

捌、我的表現（評量表）：

我的表現如何？						
		學生自評			老師回饋	
	我真是有夠讚	我的表現還不錯	我還需要再加油	你真是有夠讚	你的表現還不錯	再加油一點會更棒
我能夠						
1 我按照老師指示完成活動。						
2 我找到和「青春」相關的文章，並專心的閱讀。						
3 我將找到的資料用心黏在學習單上。						
4 我用心的回答學習單的問題。						
5 我專心的聆聽他人的意見發表。						
6 我用心寫作。						
我做到了						
1 我製作一篇「剪貼作文」。						
2 我列出所閱讀文章的主要意思。						
3 我完成「心情剪貼單」、「青春記事簿」學習單。						
4 我寫下一則短文，清楚記錄青春心情記事。						
我學會了						
1 我知道去哪裡找到有關的資料。						
2 我知道為什麼要學習這個主題。						
3 我知道如何寫自己的「青春心情記事」。						
4 我發現了與主題相關的有趣事件，同時讀了圖書。						
5 我學到與他人分享的許多經驗。						

◎老師想對你說的話：

玖、延伸閱讀：

書名	類別	作者	繪者	出版社	內容介紹
小羊和蝴蝶	繪本	艾瑞·卡爾	艾瑞·卡爾	上誼	透過兩種動物不同的生活習性，小羊群居、蝴蝶單飛，兩者相遇而產生的趣味對話，告訴孩子尊重、包容的美德。
人面獅身的女子	短篇小說	王爾德	克莉絲汀娜	格林	裡面收錄了四篇王爾德的短篇小說，小說中的人物中有為愛情而癡狂的年輕畫家、有迷人且神祕的貴婦、有鏽跡斑斑的鬼魂，還有能從手掌預知未來的手相師，每篇故事都讓人看了欲罷不能。
青春護照	叢書	蔡坤湖		國語日報	生活充滿許多好玩的事，但是誤觸社會禁忌，就可能觸犯法律，然青少年卻往往不驚覺。本書由一位法官的經驗談，歸納青少年最常觸犯的五十個法律個案。提供青少年一個不錯的借鏡。
地圖女孩與鯨魚男孩	小說	王淑芬		小魯	本書在討論兩性之間的情誼，提供青少年學習與異性相處，對情感的表達，以及尊重異性。故事中主角人物一為喜歡將夢想寄情於地圖的女孩，一個是對鯨魚情有獨鍾的男孩，兩人碰在一起產生了令人意想不到的成長心事和初戀情懷。
十二歲的行動口令	小說	薫久美子	中島潔	小魯	故事中的菜菜、小枝和阿香是「麻吉」兼死黨三人組，同為十二歲少女的他們，在有快樂、徬徨的成長過程中，彼此交會出友情考驗、心情及情感等記事。
五年五班，三劍客！	小說	洪志明		小魯	與《十二歲的行動口令》故事不同的地方，本書是由愛打籃球的「籃球三劍客」，因各有各的問題，而彼此攜手面對難關的故事，內容中有緊張、有悲傷、有趣味，深深道盡男孩的心情等起伏情境。
純真年代	小說	彭小妍		麥田	本書為多則短篇小說彙集而成，故事場域為民國四、五十年代台灣鄉下的客家村裡，以及新近形成的外來公教聚落。在那些歲月裡，雖然物質的生活儉樸艱辛，但人情來往卻自有一番趣味與丰采，作者稱之為真性情的年代──純真年代。

【中階】　　　　　　　　　　　　　　　　青春新少年

流行趨勢我有看法

萬榮輝

> 　　人都喜歡追趕時髦，喜歡隨著流行的風潮走，尤其青少年階段的學生，更容易為追求時下偶像或流行而盲從，甚至一窩蜂的跟隨流行，卻很少去思考是非得失，以致缺乏思考的能力，最後衍生不必要的困擾。因此，藉由本教學活動的進行，澄清學生正確的認知，即是教育首要任務之一。

壹、在這個活動中，學生將要：

一、提出小組最喜歡的偶像，以及蒐集相關的報導（愈多愈好）。

二、建構理想的虛擬偶像人物。

三、練習寫信的學習活動。

四、擬訂青少年時髦流行的條件，並評判自己的追求。

五、閱讀廣告單（DM），辨別廣告的真偽。（延伸活動）

貳、教學活動：

一、活動步驟

　　㈠與學生討論現正流行的偶像有哪些？請每組選出最受歡迎的前三名偶像人物，並配合教師所製發的「偶像大集合」學習單，共同合作蒐集和記錄這前三名偶像人物的相關報導文章。（若時間與空間允許，可以在師生討論後，即讓學生至電腦教室搜尋所要的資料，教學成效更好。）此時，教師亦應事先教導小朋友，如何有效的蒐集到所需要的

新聞事件。

㈡藉由各小組發表所蒐集到的偶像相關報導內容，引導學生分析偶像行為，是否足以做為個人的模仿對象？或是哪些行為才值得仿效？

㈢虛擬偶像──就各組所提之偶像人物，全班再票選出最受歡迎之前五名偶像，小組成員開始形塑心目中優質的偶像，並配合學習單的引導，讓學生為自己虛擬出來的偶像命名、繪製人像、標記理想行為等等。

㈣為讓學生有一個健康的偶像行為目標追求，接下來即引導學生透過每人寫一封信給偶像的活動，藉由書寫的方式，希冀學生能以「虛擬偶像」的理想行為，繼而成為個人追求的目標。

㈤現代的青少年，對於什麼是「時髦」這類的流行文化有自身獨特的看法，此一教學活動主要是配合「我時髦嗎？」學習單，讓學生自己擬訂什麼是「時髦」的條件，以及進一步評斷自身的行為，進而體驗到追求時髦的代價及報酬。

二、延伸活動

　　面對琳瑯滿目的流行趨勢，除了應讓學生建立正確的價值觀外，積極引導學生勇敢對時下青少年不適之行為，如抽煙、吸毒、刺青等等，勇於說「不」的認知與行為，亦是教師在指導學生面對流行趨勢時的一個重要任務。

　　接下來，我們亦可以讓學生蒐集生活周遭的廣告 DM，讓學生了解與分辨誇大、華麗廣告的包裝下，各項流行產品（如手機、服飾……）的實用性和優劣性等等。

　　此外，老師可以再利用青少年網站的瀏覽（如 91 頁相關網站的介紹），討論現今關於青少年流行文化的行為樣態，以價值澄清的方式進行延伸教學。

參、學生將學會：

學習目標	對應之九年一貫課程能力指標	
一、蒐集新聞事件的能力。	語文 E-2-4-7-4	能將閱讀材料與實際生活情境相聯結。
二、閱讀新聞及記錄所要的內容資料。	語文 E-2-9-8-1	能利用電腦和其他科技產品，提升語文認知和應用能力。
	語文 F-2-4-4-2	能配合閱讀教學，練習撰寫摘要、札記及讀書卡片等。
	語文 B-2-1-5-2	能讓對方充分表達意見。
三、澄清偶像的行為表現。	社會 4-3-4	反省自己所珍視的各種德行與道德信念。
四、會寫一封意思完整的書信。	語文 F-2-3	能認識各種文體，並練習不同類型的寫作。
五、評斷「時髦」的流行行為條件，及澄清自身對時下流行趨勢的接納程度。	社會 7-3-2	針對自己在日常生活中的各項消費進行價值判斷和選擇。
	綜合 1-3-2	尊重與關懷不同的族群。

肆、小筆記：

伍、學習單：

（一）偶像大集合

小朋友，每個人都有自己喜歡和崇拜的偶像，但是你對他（她）們的了解又有多少呢？請你們小組票選出前三名偶像及為他們各找出一二則有關的新聞，並將之簡要的寫在下面格子裡：

偶像姓名	新聞事件			評價
	新聞日期	新聞來源	新聞內容簡介	
①號人物				□喜歡 □不喜歡 □可接受，但是——
				□喜歡 □不喜歡 □可接受，但是——
②號人物				□喜歡 □不喜歡 □可接受，但是——
				□喜歡 □不喜歡 □可接受，但是——
③號人物				□喜歡 □不喜歡 □可接受，但是——

問題回答

一、小朋友，這些明星偶像平常生活都穿些什麼？配帶什麼呢？_____

_____

二、如果你也是偶像，你又會怎麼穿呢？_____

_____

三、你會模仿這些偶像的哪些行為表現？為什麼？_____

_____

四、小朋友，你如何確定你所找的新聞報導是真的呢？_____

_____

小朋友，完成後你給自己幾個星星呢？☆ ☆ ☆ ☆ ☆（請直接塗上顏色，星星越多表示越努力。）

（二）打造另一個他

我的偶像要長得：

我的偶像常會做：

我的偶像常會說：

畫我偶像

我為他取了一個很_____（如炫、酷、快樂……）的名字叫_____。

（三）寫封信對偶像說，我會以他為標準

小朋友，老師先教你一個寫信的訣竅，讓你的信更有看頭喔！

（四）我時髦嗎？

同學們，怎樣的行為才算是時髦呢？現在就請你們小組用心的擬出你們認為「夠時髦」的條件，並將這些內容寫在下面：

動作行為要——
1.＿＿＿＿＿＿＿花費：＿＿＿
2.＿＿＿＿＿＿＿花費：＿＿＿
3.＿＿＿＿＿＿＿花費：＿＿＿
4.＿＿＿＿＿＿＿花費：＿＿＿
5.＿＿＿＿＿＿＿花費：＿＿＿

共要花：＿＿＿＿＿元

服裝要——
1.＿＿＿＿＿＿＿花費：＿＿＿
2.＿＿＿＿＿＿＿花費：＿＿＿
3.＿＿＿＿＿＿＿花費：＿＿＿
4.＿＿＿＿＿＿＿花費：＿＿＿
5.＿＿＿＿＿＿＿花費：＿＿＿

共要花：＿＿＿＿＿元

還要會——
1.＿＿＿＿＿＿＿花費：＿＿＿
2.＿＿＿＿＿＿＿花費：＿＿＿
3.＿＿＿＿＿＿＿花費：＿＿＿
4.＿＿＿＿＿＿＿花費：＿＿＿
5.＿＿＿＿＿＿＿花費：＿＿＿

共要花：＿＿＿＿＿元

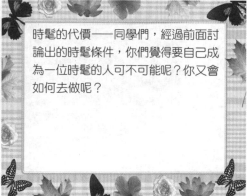

時髦的代價——同學們，經過前面討論出的時髦條件，你們覺得要自己成為一位時髦的人可不可能呢？你又會如何去做呢？

陸、評量標準：

評量標準		
編號	工作	評量細目
1	蒐集書報或網路上偶像新聞事件	至少記錄三名偶像及六則相關新聞報導。
2	閱讀新聞	學習單的書寫內容確實是新聞方面的內容。
3	分析偶像行為	至少能寫出一位自己喜歡的偶像穿著、平時行為態度。
4	虛擬出心中的偶像	能繪出心中偶像的樣態，以及常說和常做的事。
5	寫一封信	能配合老師及學習單的引導，完成一封結構完整的信件。
6	訂出時髦的流行行為條件	能寫出五項以上合乎時髦行為的條件。
7	說出自己對追求時髦的看法	會用小組擬訂之「我時髦嗎？」學習單，檢核自己的表現。能對時髦與金錢的關係提出說明。

柒、相關網站：

網站及網址	網站介紹
流行時尚與消費文化 http://ceiba.cc.ntu.edu.tw/10243700/report5.html	網站提供不少時下青少年或年輕人對現正流行的時尚精品及文化的不同意見，上網者亦可至討論區與他人進行意見交流。
天衛文化圖書 http://www.tienwei.com.tw/index.asp 博客來網路書店 http://www.books.com.tw/ 兒童文學相關網站連結 http://ms2.pcps.tpc.edu.tw/~child/link.html 國語日報網路書局 http://www.mdnkids.org.tw/ebook/index/index.asp 小書蟲讀書坊 http://www.kidsbook.com.tw/	這些網站提供教師與學生獲得最新流行及受好評之圖書資訊，培養學生在閱讀的過程中，也可自行找尋喜歡或是時下流行之書籍、刊物等等。
青少年手冊 http://madou.tncp.gov.tw/兒童網頁.htm	從青春禁忌之法律篇、打工篇、自救篇、幫幫我篇及青春無悔之保護篇等五個層面，教授小朋友在青春成長過程中，當面對一些不愉快的事件時，應如何應對。
國民健康局青少年網站 http://www.young.gov.tw/index2.htm	本網站提供了國小、國中與親職性教育資訊，包括兩性主張、性教育、青少年保健門診醫院與諮詢機構資訊等。是一個可以讓學生從了解身體成長開始，到認識青春期身心發展、戀愛、性、飲食與追求流行、明辨事物等等的優良官方網站。

捌、我的表現（評量表）：

我的表現如何？					
	學生自評			老師回饋	
	我真是有夠讚	我的表現還不錯	我還需要再加油	你真是有夠讚	你的表現還不錯	再加油一點會更棒

我能夠

1 我能蒐集資料，並查到偶像的新聞報導。						
2 我用心的訪問他人的意見。						
3 我將找到的資料，用心記錄在學習單上。						
4 我用心的回答學習單的問題。						
5 我和小組同學合作創作一個心中喜歡的虛擬偶像。						
6 我用心寫信。						
7 我觀察到現正流行的「時髦」行為。						
8 我準時完成各項作業。						

我做到了

1 我完成了「偶像大集合」記錄表。						
2 我和同學一同完成了「打造另一個他」學習單。						
3 我寫下一封完整的信件。						
4 我訂出符合流行的「時髦」行為。						

我學會了

1 我知道去哪裡可找到有關的資料。						
2 我知道怎麼去閱讀新聞報導。						
3 我採訪到不同的意見，並把它記錄下來。						
4 我知道如何寫一封完整的信件。						
5 我知道如何分辨什麼是流行的「時髦」行為。						

◎老師想對你說的話：

- -

- -

玖、延伸閱讀：

書名	類別	作者	繪者	出版社	內容介紹
我和我家附近的野狗們	繪本	賴馬	賴馬	信誼	文章取材自現代大街小巷常常出沒的野狗，牠們到處大小便、咬人，這些行為讓主角小男孩感到很害怕。後來，男孩在草叢中發現兩隻肥嘟嘟的小狗，產生了飼養的念頭，相對的要付出相當的代價。此書可作為引導學生追尋飼養動物參考之用。
我很年輕，我有話要說	散文	正中書局		正中	現在的「新新人類」往往容易仗著自己反應快而逞口舌之快，談論內容卻是一般流行無意義之爭論。本書即從贅字此觀點切入，引導青少年能珍視自身的優點與缺點，運用自己的新思想，做個有特色的新新人類，並非一味的盲目追求新潮。
紅柿子小孩——偉偉的童星筆記	小說	王淑芬		小魯	本書作者以生動的文筆描述愛子偉偉參與電影「紅柿子」溫馨花絮的演出過程。讀者不僅可以看到小童星這段期間的成長，也可以分享電影幕後的酸甜苦辣，以及滿足小讀者「窺探」的樂趣，而對於「銀幕」也不再只是浮面的嚮往。
大腳李柔	小說	張如鈞		小魯	故事以加入學校足球隊的十三歲李柔為中心軸，並以時下青少年的生活課題為背景，繼而鋪陳出一般青少年在面對運動與課業、或者愛情和友誼時的抉擇與徬徨。讓讀者認識故事中人物正面、積極的生活觀，同時去思考如何做出選擇。
青春法律祕笈	叢書	王麗能		國語日報	在多元快速發展的社會中，有太多的誘惑和陷阱，讓青少年還來不及辨識就不小心涉入。本書作者從法律層面，給予青少年們最中肯的提醒。
走過叛逆青春	叢書	尤今		國語日報	作者以優美的文筆，將青少年在成長階段的苦惱與問題寫成一篇篇動人的文章，提供了無數青少年走過叛逆青春的智慧與力量。

【進階】   青春新少年

我的主張

萬榮輝

在今日經濟快速成長、資訊高度進化、社會結構變遷快速等外在因素下，伴隨著青少年的心理與生理的急遽發展、變化，使得這一代的「新新」青少年成長問題越來越具爆發力與震撼力，衍生諸多失衡的現象。尤其是青少年心中的看法，更是南轅北轍，他們常高呼「你們不懂我們的心」。因此，本教學活動的安排即在讓學生能大聲說出心中對生活中議題的看法或主張，除讓其能獲得紓解外，也讓師長、父母有了解學生看法的機會。

壹、在這個活動中，學生將要：

一、勇於上台發表自己對自己的看法和主張。

二、針對議題進行採訪和記錄。

三、參與辯論活動，或專心聆聽正反二方所主張的意見，同時能反思他人不同的意見，並提出更好的主張。

四、尊重他人發表的看法，培養民主風度。

五、配合老師的引導，練習書寫論說文。

貳、教學活動：

一、活動步驟

㈠設置民主發言台（可仿效日本校園，青少年站於校園高處，大聲吶喊心中話的方式），讓學生樂於上台發表自己的看法或主張。教師應於

學生發表主張前，讓學生了解發表的方向（例如：大人要如何尊重學生的意見、學校生活制度中的限制、時下新興話題等等）與應注意之事項，比如不涉及人身攻擊，不搞無厘頭的把戲……等等，當然，在活動進行前也應讓學生有充足的時間思考或小組討論。本項教學活動可和其他班級一同舉辦，學習成效更佳。

　　班級裡，總會有一兩位學生不善於言談，要其上台高談闊論自身的主張是有其困難性，就筆者實務經驗，不妨以小團體的方式，或是先讓其上台大聲的吶喊一兩聲即可。

㈡有了之前發表的經驗，接下來老師引導學生學習如何針對一項自己切身關心的議題，進行深入探討及提出自己綜合的意見。因此在此階段有二個教學活動要進行：

1. 採訪與記錄：教師與學生共同討論，在學校或家裡最想講的話是什麼？並將其整合成幾個學生有興趣的議題。要注意的是，議題要是學生切身的問題、能引起學生廣泛討論、甚至激辯的（例如：可不可以帶手機上學？青少年刺青的流行文化？上網交友應不應該？什麼才是青少年的酷？校外教學到底要幾天？）。

　　之後，教師依此設計「大人和我們」採訪與記錄學習單，讓學生針對有興趣的議題採訪大人與自己、同學的不同看法，最後練習歸納整理出自己的意見，以及師生共同分享。不過，針對不同能力的學生，教師應該可以允許學生直接以學習單上的提示題目來進行相關訪談及記錄。

2. 「我要說服你」（辯論賽）：師生就採訪與記錄學習單中最有興趣的話題，由學生組成辯論小組進行正反二方辯論。如果議題和教學場域能配合，讓學生公開向大人提出他們的看法、甚至說服大人的辯論活動亦可。然就筆者實際教學的過程，讓學生以群體的方式，主動向大人說服認同自身意見的成效較佳。

　　也就是說，本次辯論活動的形式不拘，主要能讓學生有充分了解不同意見的學習機會，同時培養學生專心聆聽的民主風度，不蓄意人身攻擊或數落對方。最後，教師亦應針對雙方辯論過程及論證

內容進行講評，以引導學生至下一個書寫論說文的活動。

㈢學生有了發表及探討事件的經驗後，教師便可進一步引導學生具有練
習書寫論說文的能力（請參考「我要說服你」學習單）。

㈣教師適度選擇幾篇學生作品進行分享活動。

二、延伸活動

直接讓學生有展現的機會，是重視他最好的作為之一。是故，教師
可以配合學校推動各項活動中，擇一、二個適合學生自行規畫、辦理的
項目，讓學生參與運作、呈現。例如：兒童朝會進行的方式、園遊會
……等等。

除此之外，在此階段的學生，透過隱喻的方式與其做溝通、引導，
則教學效果往往大於說教方式的進行。是故，教師若能進一步藉由與學
生一同閱讀分享關於青少年人權等問題（本單元亦提供一些相關網址與
書籍，教師可多利用）的文本，與學生一同探討生活中最真實的經驗，
往往引起的共鳴會更大。在此與大家一同分享個人的經驗：筆者曾透過
張曼娟所著之《海水正藍》電子書（可至 http://www.eshunet.com/免費下
載），讓學生於下課或攜回電子檔的方式觀看本書內容後，讓學生討論
父母親爭執、離婚等可能對親子關係產生的影響，並提出自身的看法或
是想對父母親說的話。

參、學生將學會：

學習目標	對應之九年一貫課程能力指標	
一、清楚及勇敢的說出自己的主張。	語文 C-2-2	能合適的表現語言。
	語文 C-2-4-9-1	能抓住重點說話。
二、採訪和記錄他人的意見，並歸納整理自己的看法。	語文 B-2-1-5-2	能讓對方充分表達意見。
	語文 F-2-3-4-3	能配合學校活動，練習寫作應用文（如：通知、公告、讀書心得、參觀報告、會議記錄、生活公約、短篇演講稿等）。
	語文 B-2-2-2-2	能在聆聽的過程中，系統歸納他人發表之內容。
三、當自己有話說時，能說得清楚，甚至能說服不同意見的人。	語文 C-2-2-2-2	能針對問題，提出自己的意見或看法。
	語文 C-2-3-7-7	說話用詞正確，語意清楚，內容具體，主題明確。
四、尊重他人意見的民主素養。	綜合 1-3-1	欣賞並接納他人。
五、論說文的簡易書寫。	語文 F-2-3-4-2	能掌握記敘文、說明文和議論文的特性，練習寫作。

肆、小筆記：

伍、學習單：

（一）大人和我們

　　小朋友，你是否常覺得大人總認為我們像外表炫麗，內裡卻是「不堪」、「一壓就碎」、「一碰就爛」、「沒有想法」的「草莓族」、「月光族」一般呢？真的是這樣嗎？還是大人們的意見與我們不同，常不知我們的心在想什麼？要什麼？究竟大人與我們哪裡不同，現在就請你拿起筆來，找出自己最關心的事，例如：要不要穿制服？要不要考試？可不可以帶手機上學？……等等，各訪談三位大人和同學（有別班同學的意見更好）並將意見寫在下表：

對象 ＼ 採訪的事內容	例如：要不要穿制服？ 我採訪的主題是——	例如：青少年刺青酷嗎？ 我採訪的主題是——	例如：可不可以帶手機上學？ 我採訪的主題是——
例如：爸爸			
大人的看法 例如：黃老師			

對象 \ 內容 \ 採訪的事	例如：要不要穿制服？ 我採訪的主題是——	例如：青少年刺青酷嗎？ 我採訪的主題是——	例如：可不可以帶手機上學？ 我採訪的主題是——
我們的看法 例如：陳同學			
我認為最好的意見是——			

（二）我要說服你～讓你相信我

在經過全班熱烈的激辯後，對我們所討論的問題，你自己的主張是不是更清楚了？現在老師要請你們從辯論的內容中，訂出一個自己有興趣的題目，然後寫出一篇具有說服力的文章來，讓別人相信你！而要寫出一篇具有說服力的文章，其實是有祕訣的，就讓老師來傳授你武功祕笈吧！一篇完整的論說文至少應該包括三方面：

論點：也就是自己的立場。比如我是支持可以帶手機上學的，帶手機上學有其優點。寫論說文時自己的論點必須要很明確，不可模稜兩可，而且自始至終都不能改變立場，也就是說，文章的開頭和結尾的立場要相互呼應。

論據：也就是建立自己觀點的理由和依據。內容可以是真實的事，或是包括經典作家的言論、千古名言或格言等的論據，只要論點明確，論據真實、恰當，文章就會具有說服力。例如：支持帶手機上學論點的人，可以提出帶手機上學的好理由，再加上有力的證據，我們可以這麼說：在現今資訊快速的高科技時代，忙碌繁瑣生活中，隨時透過手機來掌握家人的訊息，可以避免不必要的麻煩，甚至傷害，例如：現今社會常有「假綁架、真勒贖」事件發生，歹徒常騙一些家長說其子女已被綁架，進而要求贖金，不幸的，我們班上小明的父母就曾親身經歷此事，還好有小明的手機即時發揮作用……。

論證的過程：就是邏輯推理的過程。我們常用正面的理由和證據，以及反面的缺失和證據，來使論證更具有說服力。例如：除了用上面帶手機上學的好理由及證據外，我們更可以用不帶手機會產生的不便和證據來加以論證，而獲得正確的結論。

題目：

陸、評量標準：

評量標準		
編號	工作	評量細目
1	說出自己的看法或主張	能勇敢站上演說台。
2	訪問大人和同學的不同意見	能選擇適合的訪問對象，並能有禮貌的進行訪問。
3	記下訪問的內容	至少寫出各二位以上的大人與同學對自己所擬訂題目的意見。
4	參與辯論的過程	知道辯論會的方式和過程是如何進行的。
5	寫一篇論說文	能配合老師以及學習單的引導，完成一篇意思清楚的論說文。

柒、相關網站：

網站及網址	網站介紹
e 世代新主張 http://home.kimo.com.tw/cyn4315/	網站內容提供了社會關懷、娛樂、醫療、服務機構、升學資訊、性教育、成長學習、輔導及教學網等有關於青少年問題研究資訊，可作為師生在青少年問題上的討論及教學。
青少年解放陣線 http://intermargins.net/intermargins/YouthLibFront/	本網站強調要替青少年爭取政治權利與社會權利，終止經濟剝削，反對文化歧視，以及實現青少年性解放、性別解放、個性解放等主張。部分內容稍具爭議性，教學者應事先瀏覽及適時進行澄清。
青少年手冊 http://madou.tncp.gov.tw/兒童網頁.htm	從青春禁忌之法律篇、打工篇、自救篇、幫幫我篇及青春無悔之保護篇等五個層面，教授小朋友在青春成長過程中，面對一些不愉快的事件時，應如何應對，以期有健康快樂的成長。
國民健康局青少年網站 http://www.young.gov.tw/index2.htm	本網站提供了國小、國中與親職性教育資訊，包括兩性主張、性教育、青少年保健門診醫院與諮詢機構資訊等。是一個可以讓學生從了解身體成長開始，到認識青春期身心發展、戀愛、性、飲食與追求流行、明辨事物等等的優良官方網站。
2000 年各國節慶表 http://www.travelonline.com.tw/tranote/data/holiday.htm	詳列世界各國一至十二月的節慶時間表。

捌、我的表現（評量表）：

我的表現如何？						
	學生自評			老師回饋		
	我真是有夠讚	我的表現還不錯	我還需要再加油	你真是有夠讚	你的表現還不錯	再加油一點會更棒
我能夠						
1 我按照老師指示完成活動。						
2 我訪問到願意回答問題的大人和同學。						
3 我將訪問的資料，用心的寫在學習單上。						
4 我專心的整理出自己的看法或主張。						
5 我專心的聆聽他人的意見發表。						
6 我用心寫作。						
我做到了						
1 我訪問並製作一篇「大人與我們」訪談記錄表。						
2 我整理出自己對問題的主要看法。						
3 我能融入辯論題目的討論。						
4 我寫下一則論說文，清楚表達對問題的主張。						
我學會了						
1 我知道去哪裡訪問到所要訪問的人員。						
2 我知道為什麼要學習這個主題。						
3 我知道每個人的主張都有可能不同。						
4 我知道如何整理及寫出自己對問題的看法或主張。						
5 我發現與主題相關的有趣事件，同時讀了相關圖書。						
6 我學到與他人分享的許多經驗。						

◎老師想對你說的話：

_____

_____

玖、延伸閱讀：

書名	類別	作者	繪者	出版社	內容介紹
小小口才高手	散文	吳燈山		小魯	作者以輕鬆活潑的方式，呈現如何運用各種說話術，讓小朋友輕鬆愉快的學習說話的各種技巧。書中亦舉例多位古今中外奇智人物的小故事，讓讀者在快樂的閱讀中增進知識和趣味。
拼圖的貓眼在哪裡？	小說	中尾明		小魯	興趣相投的龍太和久美成立了「櫻花社區偵探局」，總是對身邊所發生的案件，展開推理與調查。內容充滿鬥智、刺激和懸疑的情境。小讀者可隨著小偵探抽絲剝繭，感受動腦的閱讀樂趣，並可在無形之中，體驗訓練邏輯思考以及推理的能力。
海水正藍	短篇小說	張曼娟		皇冠	本書內容共分成七部短篇小說，其中〈海水正藍〉此篇故事敘說主角小彤，面對父母離婚，在小小心靈上產生的打擊！也讓我們省思為什麼大人的問題要由下一代來承擔？
走過叛逆青春	叢書	尤今		國語日報	作者以優美的文筆，將青少年在成長階段的苦惱與問題寫成一篇篇動人的文章，提供了無數青少年走過叛逆青春的智慧與力量。
青春的權利	叢書	陳阿梅		國語日報	書中以問答方式，將青春族相關的法律智慧，例如：胎兒的保護、兒童教育的權利與義務、安置與保護、受虐兒童的安置及處罰、兒童與青少年的行為規範等，用流暢易懂的文字和幽默逗趣的漫畫，做完整的呈現。

面向二：社會文化

人際溝通

初階　找朋友

中階　訂做一個新的我

進階　我的人際網

【初階】   人際溝通

找朋友

黃瓊惠

> 對孩子而言，人際溝通是一個重要的開始，透過唱遊活動：「我的朋友在哪裡？」讓孩子主動去體驗找朋友的歷程。
>
> 從角色扮演中更深刻的體驗交朋友的方法和樂趣，讓孩子體會如何正確的交朋友。最後整理出想法，並把自己對朋友說的話或做的事記錄下來，把朋友的反應也寫出來。活動中讓孩子確切的領會怎樣的話或怎樣的作為是受歡迎的，進而能主動幫助別人，樂於和人分享、與人合作。

壹、在這個活動中，學生將要：

一、分組想出交朋友的方法。

二、發表自己交朋友的方法。

三、分組編一幕狀況劇，表演朋友如何互相幫忙和關心，如何和睦相處，及應注意的禮儀……等。

四、分組討論並寫出每一組表演短劇的重點和心得。

五、好朋友全記錄。在每天的生活中實際去做，並把對朋友說的話或做的事記錄下來，也把朋友的反應寫出來。

貳、教學活動：

一、活動步驟

㈠向學生說明整個活動的內容。進行唱遊活動：「我的朋友在哪裡？」

㈡分組討論想出交朋友的方法，表列出來，製作張貼展覽觀摩。

㈢編寫狀況劇描述和朋友相處的情形……等。例如：我遇到怎樣的狀況時，我希望聽到……，或我希望別人如何幫助我、對待我……。

㈣分組表演完後，分組討論並寫出每一組表演短劇的重點或心得。

㈤「好朋友全記錄」學習單。在每天的生活中實際去做，並把自己對朋友說的話或做的事記下來，也把朋友有什麼反應寫出來。

二、延伸活動

㈠遊戲：祕密基地。分組討論，畫出大家心目中的祕密基地，討論可在祕密基地和好朋友一起做什麼？並一起為祕密基地取名字。

㈡「人際關係變奏曲」學習單。從生活中找出和朋友相處的狀況，並想出會用什麼方式處理，可以有處理方式１產生→結果１、處理方式２產生→結果２，讓兒童感受到換一個方式處理，會有不一樣的結果產生，得到不一樣的人際關係。

㈢介紹我自己：用呼拉圈玩大風吹（呼拉圈要比兒童人數還少），小朋友唱我的朋友在哪裡，歌聲停止，沒有站在呼拉圈裡的人要介紹自己（我是誰？最喜歡做什麼？）其他小朋友給予掌聲和回饋，說出他（她）的表現如何……。也可以用呼口號方式，例如：讚！讚！讚讚讚！

參、學生將學會：

學習目標	對應之九年一貫課程能力指標	
一、能參與唱遊活動，並勇敢去找朋友。	生活 4-1-1	嘗試各種媒體，喚起豐富的想像力，以從事視覺、聽覺、動覺的藝術活動，感受創作的喜樂與滿足。
二、能表列出討論整理的重點。	語文 D-1-6-10-2	能自我要求寫出工整的字。
	語文 F-1-2-1-1	能運用學過的字詞、造出通順的句子。
三、能敘述發表整理的重點。	語文 C-1-4-9-3	能依主題表達意見。
四、能編劇表演。	生活 6-1-1	透過藝術創作，感覺自己與別人、自己與自然及環境間的相互關連。
	生活 6-1-2	養成觀賞藝術活動或展演時應有的秩序與態度。
五、能把想要對朋友說的話或做的事寫出來。	語文 F-1-4-10-3	能運用文字來表達自己對日常生活的想法。

肆、小筆記：

伍、學習單：

（一）我可以這樣做

※寫出交朋友的方法：寫酷一點喔！各組可張貼觀摩。

1.＿＿＿＿＿＿＿＿＿＿＿＿＿＿＿＿＿
＿＿＿＿＿＿＿＿＿＿＿＿＿＿＿＿＿
2.＿＿＿＿＿＿＿＿＿＿＿＿＿＿＿＿＿
＿＿＿＿＿＿＿＿＿＿＿＿＿＿＿＿＿
3.＿＿＿＿＿＿＿＿＿＿＿＿＿＿＿＿＿
＿＿＿＿＿＿＿＿＿＿＿＿＿＿＿＿＿
4.＿＿＿＿＿＿＿＿＿＿＿＿＿＿＿＿＿
＿＿＿＿＿＿＿＿＿＿＿＿＿＿＿＿＿
5.＿＿＿＿＿＿＿＿＿＿＿＿＿＿＿＿＿
＿＿＿＿＿＿＿＿＿＿＿＿＿＿＿＿＿
6.＿＿＿＿＿＿＿＿＿＿＿＿＿＿＿＿＿
＿＿＿＿＿＿＿＿＿＿＿＿＿＿＿＿＿
7.＿＿＿＿＿＿＿＿＿＿＿＿＿＿＿＿＿
＿＿＿＿＿＿＿＿＿＿＿＿＿＿＿＿＿

（二）我會這樣做

※狀況劇：當我遇到什麼狀況時，我希望聽到
朋友說……，或我希望朋友怎麼做……，或朋
友怎麼對我……。

※註明：人物、角色、對白，並分配角色，以便
分組演出。

（三）我們的發現

※看完各組表演的「和朋友相處」的短劇後，把你發現的重點或心得記錄下來：

1. _____
   _____
2. _____
   _____
3. _____
   _____
4. _____
   _____
5. _____
   _____
6. _____
   _____
7. _____
   _____

（四）好朋友全記錄

※把自己對朋友說的話或做的事記錄下來，也把朋友的反應寫出來。

					星期
					對象
					說什麼或做什麼？
					他的反應怎樣？

陸、評量標準：

評量標準		
編號	工作	評量細目
1	唱遊活動	能與同學一同完成唱遊活動。
2	分組討論	能守秩序的與組員共同討論、分享交朋友的方法。
3	分組合作製作表格	能與組員合作，把討論結果做成表格張貼觀摩。
4	分組編寫狀況劇	能守秩序的與組員共同編寫狀況劇。
5	參與角色扮演	能參與短劇的表演，也會把握重點。
6	做記錄	能把各組表演的重點或心得記下來。
7	完成學習單	能認真的完成每一張學習單。

柒、相關網站：

網站及網址	網站介紹
國語日報 http://www.mdnkids.org.tw	為國語日報社的網站，除了有國語日報、國語週刊、小作家等內容外，更提供新書資訊。
文建會兒童文化館 http://www.cca.gov.tw/children	有每月選書、美術館、圖書館、互動區等單元頁，內容包羅萬象，可以提供許多資料。
管家琪故事網站 http://www.autoshop.com.tw	有管家琪週刊的內容，也提供網路圖書館下載試用的服務。
信誼基金會 http://www.hsin-yi.org.tw/	分為給父母、給親子、給幼師三部分，也涵蓋信誼的出版品，是關心兒童發展的父母、師長很好的參考網站。
百世趣味館 http://www.pshome.com.tw/public/html/fun-no/fun.asp	趣味館網站有電腦遊戲，讓小朋友看生動的動畫、玩有趣的遊戲。
韻律遊戲——我們都是好朋友 http://content.edu.tw/primary/gym/yl_bc/dance/dd05.htm	韻律遊戲的詳細教學步驟，有清楚的圖示。
我的好朋友——阿貴系列 http://flash.sunvv.com/a/1299.html	有趣好看的動畫介紹。

捌、我的表現（評量表）：

我的表現如何？	學生自評			老師回饋		
	我真是有夠讚	我的表現還不錯	我還需要再加油	你真是有夠讚	你的表現還不錯	再加油一點會更棒
我能夠						
1 我認真參與唱遊活動。						
2 我安靜的聆聽和討論。						
3 我認真的參與角色扮演。						
4 我認真的製作表格。						
5 我認真的做記錄。						
6 我認真的完成學習單。						
我做到了						
1 我和同學合作完成任務。						
2 我能聆聽同學發表並參與討論。						
3 我能完成自己的工作。						
我學會了						
1 我知道如何交朋友的方法。						
2 我學會和同學合作。						
3 我知道如何編寫短劇。						
4 我學會表演劇情。						
5 我學會記錄心得或重點。						

◎老師想對你說的話：

玖、延伸閱讀：

書名	類別	作者	繪者	出版社	內容介紹
一片披薩一塊錢	繪本	郝廣才	朱里安諾	格林	最會做披薩的熊和最會做蛋糕的鱷魚，牠們一起做生意，會發生什麼事呢？是誰賺的錢多呢？
惡霸遊戲	繪本	大衛‧休斯	大衛‧休斯	格林	莎莎生氣的唾罵：「惡霸！」但是，沒有人在意，沒有人主持正義。
巴警官與狗利亞	繪本	佩姬‧拉曼	佩姬‧拉曼	格林	巴警官的安全守則很多，但卻沒人想聽他說。當他和狗利亞一起出場，竟獲得熱烈的回應，他這才發現他們的組合是不可分的。
膽小獅特魯魯	繪本	冰波	曹俊彥	信誼	特魯魯是一隻非常膽小的獅子，看見什麼都害怕；但是，為了解救好朋友小白鼠，特魯魯變得神勇起來了。
好朋友一起走	繪本	劉宗銘	劉宗銘	信誼	這本書是沒有文字的圖畫書，讓孩子自由的想像、創作屬於他們的故事。
彎彎的生日會	繪本	ステーェフ	なかのひらたか	人類	彎彎要過生日了，好朋友都很期待吃到生日大餐，但是卻都是胡蘿蔔，幸好馬兒帶來了好禮物。
小黑交朋友	繪本	ステーェフ	なかのひらたか	人類	小黑是一隻流浪貓，無親無故，三餐都不能吃飽。後來他認識了河馬，他們變成動物園裡最受歡迎的動物了。
魔法糖球	繪本	安房直子	いもとようこ	人類	瑄瑄要搬家，他把小貓丁丁送給糖果屋奶奶，可是丁丁很想念瑄瑄，糖果屋奶奶就想辦法幫助丁丁去找瑄瑄。
愛畫畫的塔克	繪本	王蘭、張哲銘	王蘭、張哲銘	信誼	塔克很愛畫畫，很奇怪的是，他只肯用黑色筆來畫。有一天，來了一隻大魚，攻擊學校，塔克的黑色筆卻立下了大功。
膽大小老鼠，膽小大巨人	繪本	安格富修柏	安格富修柏	格林	一隻小老鼠，卻什麼都不怕，連嚇人的暴風雨也嚇不了牠。巴托洛是個巨人，長得很巨大，但卻像兔子的心一樣膽小。
波利，為什麼要吵架？	繪本	Brigitte Weninger	Eve Tharlet	上人	兔子波利和好朋友艾迪一起到河邊築水壩、做樹皮船，因水壩塌下，把船捲走了，兩人因此大吵了一架，最後他們還是和好了。

書名	類別	作者	繪者	出版社	內容介紹
小貓鬥公雞	繪本	諾克威斯特	諾克威斯特	格林	自從公雞阿帝來了以後，大家都跟著阿帝團團轉，小點子小貓就悶悶不樂，因為沒人理牠，牠非常不滿，牠要想出辦法來解決。
想看海的小老虎	繪本	漢斯比爾	漢斯比爾	格林	小老虎想要去看海，沒想到卻迷了路，牠又餓又害怕。小北極熊寶兒到底要怎麼送牠回家？
提歐與里歐	繪本	Friender-ike Wag-ner	Friender-ike Wag-ner	上人	提歐和里歐是好朋友，不過這對好朋友會互相競爭。有一次在划船時，他們只顧著要贏對方，卻沒有注意到船已經沉入水中，他們要如何面對這個意外？
我的朋友	繪本	五味太郎	五味太郎	上誼	本書細膩描寫每一種動物的獨特性，把孩子的各個學習階段做類比的呈現。
奇普的生日	繪本	Mick Ink-pen	Mick Ink-pen	青林	奇普為了邀請朋友來參加他的生日，他急忙的畫邀請卡，他在卡片上畫「明天十二點，請來參加我的生日會，不要遲到。」結果卻發生了意料之外的事。
我有友情要出租	繪本	方素珍	郝洛玟	上提	有一隻寂寞的大猩猩，牠沒有朋友，就在大樹上張貼布告：「我有友情要出租。」到底有沒有人來當牠的朋友呢？
沒人喜歡我	繪本	羅爾・克利尚尼茲	羅爾・克利尚尼茲	三之三	巴弟想找人玩，大家都沒空陪他，他為了尋找友誼，就到外面去找朋友，可是事情卻沒那麼順利，他遇到狗和綿羊、兔子、貓也都沒人想理他。最後他遇到狐狸，狐狸了解了，就帶著他向大家說清楚，最後大家都接納他了。
小雞上學	繪本	法拉力・戈巴契夫	法拉力・戈巴契夫	上誼	第一次上幼稚園的孩子難免會有許多不適應的地方，因為老師了解孩子的心，藉由外出的機會，讓孩子學習如何去接納別人，幫助別人；藉由小雞交朋友的例子，來鼓勵有相同問題的孩子。

【中階】 人際溝通

訂做一個新的我

黃瓊惠

　　對孩子而言，學校生活是他學習人際溝通的重要關鍵，以班級做範圍，學習把觀察到同學的表現統整歸納。從這些活動中，讓孩子從不同的角度去發現應該如何和同學相處，才會受歡迎，而有更好的人際關係，進一步修正自己的人際溝通方法以及和同學相處的模式。在對自我的認識和別人的認同肯定中，教孩子了解自我的表現，即使是一點點進步，也值得獲得鼓勵和讚美。讓他由接納自我、展現自信，進而喜愛自己，有信心和他人建立良好的人際關係。

壹、在這個活動中，學生將要：

一、三、四人一組經由觀察、討論、選擇推薦一位同學為模範生。

二、製作介紹這位模範生的展示海報。

三、設計一份詳細的簡介，介紹其平時表現及特別事蹟。

四、為這位同學創作一個口號、一首詩或一幅漫畫。

五、展示後，大家觀察、比較後，票選出一位超級模範生。

六、完成前述活動後，綜合各組推薦模範生的優點和特色，每一位小朋友認真思考後，再寫出自己要如何訂做一個新的我。

貳、教學活動：

一、活動步驟

　　㈠向學生說明整個活動的內容。說明將會進行的活動，分組觀察、討論

後決定推薦一位模範生，為他做一系列的設計和介紹。重點在觀察、蒐集其個人資料，包括平時做事的表現、待人接物、與人相處、上課情形、學業表現，以及在家表現……等多方面。展示後再票選出一位超級模範生，活動結束後，每位小朋友開始思考並寫出訂做一個新的我。讓小朋友想一想如何和同學相處、互動，才是受歡迎的；怎樣的表現，才是正確的。

㈡向學生說明模範生的概念及應有的表現和風範。請各組先進行觀察和蒐集資料，充分討論後，再決定推薦人選。在他們身上有哪些優點和特色，可以讓我們學習到的有哪些？

㈢將學生分成小組，完成三份學習單，指導學生依步驟完成：

　　1. 提名一位模範生，製作一張展示海報，介紹其表現、優點和特色。

　　2. 設計一張對模範生詳細的介紹，用簡短有力的句子。

　　3. 為模範生創作一個作品。例如：口號、詩歌、漫畫等。

㈣公開展示後，再票選出超級模範生。

㈤整個活動結束後，發給每人一張學習單寫出訂做一個新的我。

　　（這個活動多由學生自行進行蒐集、討論，老師可先教導如何蒐集，方向和方法……等。）

二、延伸活動

㈠介紹《我不知道我是誰》（文：強布雷克，出版社：格林）、《很新、很新的我》（文、圖：夏洛特‧佐羅托，出版社：遠流）、《但願我是蝴蝶》（文：詹姆士‧荷奧，出版社：和英）、《愛花的牛》（文、圖：曼羅‧里夫文，出版社：遠流），讓小朋友認識自我，欣賞自我。

㈡介紹《你很特別》（文：陸可鐸，出版社：道聲）、《神奇變身水》（文、圖：傑克‧肯特，出版社：上誼）、《威斯利王國》（文：保羅‧弗萊舒門，出版社：和英），讓兒童了解自我肯定的重要，只要稍微加以修正就是一個新的我。

參、學生將學會：

學習目標	對應之九年一貫課程能力指標	
一、觀察討論做決定，推薦一位模範生。	語文 B-2-2-3-3	能發展仔細聆聽與歸納要點的能力。
	語文 C-2-2-4-4	能運用合適的語言，與人理性溝通。
二、製作海報。	語文 F-2-2	能正確流暢的遣辭造句，安排段落、組織成篇。
	藝文 1-2-5	嘗試與同學分工、規畫、合作，從事藝術創作活動。
三、創作設計表現。	藝文 1-2-1	探索各種媒材、技法與形式，了解不同創作要素的效果與差異，以方便進行藝術創作活動
四、語文統整敘述。	語文 E-2-6-3-3	學習資料剪輯、摘要和整理的能力。
	語文 E-2-1-7-2	能掌握要點，熟習字詞句型。

肆、小筆記：

伍、學習單：

（一）模範生推薦觀察記錄表

※每一位組員對推薦對象寫出兩項觀察表現。例如：熱心助人、認真學習……
　等。

組　員	推　薦　對　象	觀　察　記　錄

組　員	推　薦　對　象	觀　察　記　錄

組　員	推　薦　對　象	觀　察　記　錄

組　員	推　薦　對　象	觀　察　記　錄

※本組最後決定推薦的模範生是：_____

整理推薦對象的優點如下：

編　號	優　點　記　錄
1	
2	
3	
4	

（二）模範生海報

※每組製作一張。（介紹模範生的各項特殊表現、優缺點、待人處事的描述等）

（三）模範生簡介

※每組製作一張。（介紹模範生的平時表現、特殊表現、優缺點，並描述和同學
　相處的情形）

（四）設計一個創作

※每組為推薦的模範生製作一張。（例如：一句口號、一首詩歌、一面旗幟……
　等）

（五）訂做一個新的我

※每位組員製作一張。（學習模範生的良好表現，想一想自己要怎麼做，才能和
　同學和睦相處，做一個受人歡迎的人。）

◎我要

◎我要

◎我要

◎我要

◎我要

◎我要

☆請描寫一下 新的我 是一個怎樣的人？

陸、評量標準：

評量標準		
編號	工作	評量細目
1	觀察討論做決定	能仔細觀察，和同學充分討論，並做出決定。
2	製作海報	能將所選擇的模範生，充分、適當的介紹，並做最好的設計。
3	創作設計表現	會運用各種創作方式，介紹模範生的特色。
4	語文統整敘述	能適切的統整出模範生的特色，並加以整理歸納為一份簡介。
5	參與討論	在分組討論中會積極發表，也會尊重他人發言的機會。

柒、相關網站：

網站及網址	網站介紹
柴爾德的黑皮窩 http://www.tmtc.edu.tw/~kidcen/index.html	網站中有知識的、遊戲的、音樂的……各種資訊，包羅萬象。
青少年工作資源中心/活動遊戲篇 http://www.socialwork.com.hk/spirit.htm	網站中有很多增進人際溝通的活動和方法。
小蕃薯/爸媽新樂園 http://kids.yam.com/hand/	提供教養孩子的實用資訊，包括：教養絕招、學前教育、學習家庭、健康資訊、兒童安全、爸爸媽媽交流園地。
湖西魚肚白的快樂世界 http://www.fses.chc.edu.tw/~jyz/myliterature	彰化湖西國小的網站，裡面有許多學生的精采作品，可以看到學生的創意、老師的心血。
小河兒童文學 http://163.20.59.3/funa/	顏福南老師和賴伊麗老師共同製作的網站，裡面有許多兒童文章可以參考，也有大人的作品。

捌、我的表現（評量表）：

我的表現如何？						
	學生自評			老師回饋		
	我真是有夠讚	我的表現還不錯	我還需要再加油	你真是有夠讚	你的表現還不錯	再加油一點會更棒
我能夠						
1 我在分組討論時聆聽別人的意見。						
2 我充分表達自己的意見。						
3 我和同學一起完成工作。						
我做到了						
1 我聆聽同學的意見，表達自己的想法。						
2 我觀察討論並發現別人的特色。						
3 我和同學合作完成海報。						
4 我和同學合作完成創作設計。						
我學會了						
1 我知道如何表達意見，參與討論。						
2 我知道做海報的技巧和方法。						
3 我學會寫簡介的技巧和方法。						
4 我知道如何做有創意的設計。						

◎老師想對你說的話：

玖、延伸閱讀：

書名	類別	作者	繪者	出版社	內容介紹
烏鴉愛唱歌	繪本	曼弗列德	歐伯狄克	格林	一隻愛唱歌的小烏鴉，堅持自己的喜好，終於達成自己的夢想。
田鼠阿佛	繪本	Leo Lionni	Leo Lionni	上誼	阿佛巧妙的利用藝術和豐富的想像力，讓大家在寒冬裡獲得更大的溫飽，幫助大家了解精神生活的重要。
拼拼湊湊的變色龍	繪本	艾瑞·卡爾	艾瑞·卡爾	上誼	有一天，變色龍來到動物園，見到許多漂亮的動物！牠就希望自己能變成那些動物。
阿虎開竅了	繪本	勃羅·卡魯斯	荷西·阿魯哥	上誼	阿虎什麼事都做不好，他不會讀書、不會寫字、不會畫畫，甚至不會說話，他會發生什麼事呢？
美術課	繪本	湯米·狄胞勒	湯米、狄胞勒	三之三	湯米從小喜歡畫圖，立志要成為畫家。他一直希望到學校上真正的美術課，他到底能不能如願呢？
小雞穿鞋子	繪本		羅門美術中心	人類	小胖雞向大象伯伯買一雙鞋子，牠高興的向人炫耀，但是卻因為腳上的鞋子，當牠肚子餓時卻無法捉蚯蚓吃。
斑斑的花紋	繪本	王秀園	劉思伶	狗狗	斑斑很沒有自信，為了和新朋友打成一片，就故意在泥漿地裡打滾，變成和大家一樣的小棕馬。不料大雨沖掉了牠身上的泥漿。
強尼強鼻子長	繪本	Nord-Sud	Verlag AG	格林	強尼強鼻子長，牠用長鼻子做了一百種事，結果會是怎樣？
莎麗要去演馬戲	繪本	梅布絲	布赫茲	格林	莎麗一直夢想能夠加入馬戲團，有一天鎮上來了馬戲團，她會怎麼做？
阿力和發條老鼠	繪本	李歐·李奧尼	李歐·李奧尼	上誼	阿力不甘願做一隻讓人討厭的普通老鼠，牠希望像小威那樣，做一隻人見人愛的「發條老鼠」，牠會怎麼做？
老鼠阿修的夢	繪本	李歐·李奧尼	李歐·李奧尼	上誼	望子成龍的父母希望阿修將來當醫生，但阿修參觀博物館的收藏畫後，牠卻改變了志向，牠想當一名畫家，會發生什麼事呢？
你很快就會長高	繪本	安琪雅·薛維克	羅素·艾圖	三之三	阿力很不滿意自己的身高，後來他發覺，當一個自己快樂也能使別人快樂的人，比長高更重要。

書名	類別	作者	繪者	出版社	內容介紹
毛頭小鷹	繪本	羅勃・卡魯斯	荷西・阿魯哥＆亞莉安・杜威	上堤	毛頭很喜歡演戲，演個不停，爸爸希望他將來能當律師或醫生，媽媽讓毛頭上很多表演課，可是毛頭長大到底想當什麼？
比利騎士的偉大冒險	繪本	迪迪耶	凡妮莎	米奇巴克	小精靈比利躲在蘑菇底下哭泣，他覺得自己又矮又醜，沒有人喜歡他。大蒼蠅梅爾芭來安慰他，幫助他成為真正的騎士，比利卻嫌梅爾芭是個大胖子，梅爾芭裝死，後來比利向他道歉，兩人才和好成為好朋友。
複製化身	小說	派特・莫恩		小魯	大衛發現一張和他極像的照片，他決心要揭開外公隱藏的祕密。
親愛的綠	小說	王淑芬		小魯	面對死亡、親情、友情、愛情，克服自卑，體諒父母的怨懟，學習成長，學習用多些不同的體會，感受愛的表現。
兒童版鐵達尼號	小說	芭芭拉・威廉斯		小魯	在旅途中，一場世紀船難，面對親情和友情，主角要如何度過生死關頭，做出保護家人的抉擇？

黃瓊惠

【進階】　　　　　　　　　　　　　　　　　　　人際溝通

我的人際網

> 　　讓孩子仔細的將自己的人際網路整理出來，家庭或學校生活中，他的人際網有多廣，親自加以整理。再仔細的思考，寫出平時和這些人互動溝通中發現到的優缺點，哪些值得學習，哪些值得改善，作為省思。進而能夠修正自己的人際溝通方法以及和大家相處的模式。
>
> 　　孩子通常較自我中心，無法用別人的立場，體會不同的感受，所以和朋友相處常會有小衝突，或遇到困難時不知所措。經由和孩子共同討論，也可改善孩子負面的行為，增進正向積極的人際態度和解決問題的能力，進而樂意具備分享、滿足、耐心、幽默、熱忱、助人等人格特質，成為一個有好人緣的人。

壹、在這個活動中，學生將要：

一、每一位學生都要寫出自己的人際關係網（包括師長、家人、同學和朋友）。

二、曾經和誰有發生過哪些深刻的事或對話，將之寫下來。

三、在你認識的人當中，找出他們受歡迎的表現、人格特質和待人處事的優缺點。

四、六人一組設計編出一些生活中的狀況，來了解應如何應對和表現，才能成為好人緣、受歡迎的人。

五、並在好人緣俱樂部中登入會員，寫出自訂的目標（要成為一個怎樣的人）。

貳、教學活動：

一、活動步驟

㈠向學生說明整個活動的內容。說明將會進行的活動，每一位小朋友分別將自己的人際網羅列出來，為自己做一個整理。

㈡分組找出好人緣的人格特質、待人處事的優缺點，以及與人相處應有的表現和風範。

㈢根據小組的資料，編劇表演。（例如：在生活中發生那些狀況，你會如何處理？）

㈣在表演完後，各組整理出印象最深刻的好表現，可以讓我們學習到什麼？（每組六項）做成海報張貼，讓大家比較觀摩，以便自訂自我期許的目標。

㈤活動結束後，發給每組一張好人緣俱樂部簽署單，並自訂自我期許的目標。

二、延伸活動

㈠用好心情換好人緣：每天一位小朋友發表報告一件與人相處的事情，提供大家討論、回饋。

㈡我和我的好朋友：讓小朋友把自己和好朋友的互動寫出來，而有深切的體會和省思。

㈢人際樹：每棵樹的樹枝當作你認識的人，把你和他的互動寫在葉子上，貼在樹枝上，把他的感受和反應寫在落葉上，隨風飄落下來。

參、學生將學會：

學習目標	對應之九年一貫課程能力指標	
一、寫出自己的人際關係網。	語文 E-2-1-7-2	能掌握要點，熟習字詞句型。
二、寫出發生過哪些深刻的事或對話。	語文 E-2-7-4-2	能配合語言情境，欣賞不同語言情境中詞句與語態在溝通和表達的效果。
三、找出他們受歡迎的表現、人格特質和待人處事的優缺點。	語文 E-2-6-3-3	學習資料剪輯、摘要和整理的能力。
四、編劇、表演（把和人相處的對話或行為表演出來）。	藝文 1-3-2	構思藝術創作的主體與內容，選擇適當的媒材、技法，完成有規畫有感情及思想的創作。
五、寫出今後自己要如何才能成為一個好人緣的人。	語文 E-2-1-7-2	能掌握要點，熟習字詞句型。

肆、小筆記：

伍、學習單：

（一）我的人際網

😊請寫出你的師長、家人、好同學和朋友的名字、稱謂或暱稱。

師長

家人

好朋友

😊請把你和師長、家人、要好的同學和朋友，曾經發生過的事寫下來。

☪★我和_____，_____

_____

☪★我和_____，_____

_____

（二）好人緣精力湯

☺你認識的人中，哪些人是有好人緣的，請寫出他們待人處事的優點。

有好人緣的人	待 人 處 事 的 優 點

（三）用好心情換好人緣

☺喝了好人緣精力湯後，在生活中遇到一些狀況時，你會怎麼處理呢？（六人一組，一起努力編寫吧！）

生活中遇到的狀況	以前我會……	現在我可以……

☺好人緣俱樂部

組員姓名	我會努力達成的好人緣特質
王小明	我上課要專心聽講；我會舉手發言；玩遊戲時，不會賴皮。

陸、評量標準：

評量標準		
編號	工作	評量細目
1	寫出自己的人際網	能依序寫出自己的人際網，並寫出印象深刻的對話。
2	分組合作、整理組織	能合作找出好人緣的表現和人格特色。
3	分組合作、編劇表演	會運用適當的語言對話介紹好人緣的人格特色，並能安排表演。
4	分組合作、整理歸納	看完各組的好人緣表演，能將重點和感想，整理歸納、條列出來。
5	製作海報	各組好人緣特質做成海報發表出來，讓大家觀摩。
6	自訂自我期許	觀摩各組所做的好人緣人格特質海報後，自訂自我期許的目標。

柒、相關網站：

網站及網址	網站介紹
國立台中圖書館/讀書會 http://www.ptl.edu.tw/readgp/confrec/9001/text042.htm	在分享別人的傷痛時，其實也是在輔導自己，知道自己並不是那麼孤單。所以帶這些災民偶爾接觸才藝、唱歌跳舞或閱讀，有兩個作用： (1)治療作用：讓他們暫時忘記悲傷，找出生命的快樂。 (2)陪伴作用：在他們孤單時仍有朋友陪伴在旁。
青少年工作資源中心/心靈雞湯 http://www.socialwork.com.hk/spirit.htm	情緒智商 Emotional Quotient（EQ）簡介、來源、報告、實驗、自測人際 EQ 心理學。本網頁「人際 EQ 心理學」將帶領你去探索、剖析你在人際關係上的問題，讓大家有更深入的人際互動。本網頁分成九大章，內容簡要。
水果冰淇淋 http://www.pts.org.tw/~web02/fruit_n/index.htm	公共電視金鐘獎兒童節目「水果冰淇淋」的專屬網站，內容包括水果奶奶說故事、琳林與淇淇的拼圖遊戲及相片、紙娃娃、著色畫、桌面圖案、螢幕保護程式、聊天室、MIDI 音樂。
兒童網站第一頁 http://www.lcenter.com.tw/Newsites/website/kid1.htm	網站中也有訓練語文能力的多媒體教學，相當適合兒童。
台北市立圖書館 http://www.tpml.edu.tw/index.htm	有漫畫館、暑期閱讀書單提供、四季閱讀、外文圖書館、教育資料館等。
網路小博士 http://www.drnet.com.tw.	網路小博士兒童專用搜尋引擎，為老師及兒童提供多元化的動植物資料。網路小博士以兒童的視野、安全的角度來蒐集網站資料，是專為兒童設計的搜尋引擎。

捌、我的表現（評量表）：

我的表現如何？						
	學生自評			老師回饋		
	我真是有夠讚	我的表現還不錯	我還需要再加油	你真是有夠讚	你的表現還不錯	再加油一點會更棒
我能夠						
1 我在分組討論時聆聽別人的意見。						
2 我充分表達自己的意見。						
3 我和同學一起完成工作。						
我做到了						
1 我聆聽同學發言，表達自己的想法。						
2 我寫出自己的人際網。						
3 我和同學合作找出受歡迎的人格特質。						
4 我和同學合作完成海報。						
我學會了						
1 我知道如何表達意見，參與討論。						
2 我知道如何整理自己的人際網。						
3 我知道如何做海報。						
4 我學會自訂自我期許的目標。						

◎老師想對你說的話：

玖、延伸閱讀：

書名	類別	作者	繪者	出版社	內容介紹
小羊睡不著	繪本	北村悟	北村悟	三之三	小羊阿武睡不著，決定到外頭散步，享受美麗安靜的夜晚，牠發現有些閃閃發光的東西出現。
小黑魚	繪本	Leo Lionni	Leo Lionni	上誼	一條又快又兇又餓的鮪魚，一口把許多的小魚都吞進去了，大家都怕得躲起來，小黑魚想出了好辦法把大魚趕走了。
誰掉了手套？	繪本	ステーェフ	なかのひらたか	人類	毛毛和比比在雪地上玩，撿到了一隻手套，他們熱心的四處尋找失主，會找到嗎？
小牛找媽媽	繪本	李赫	劉淑如	狗狗	小牛不小心和媽媽走散了，牠在草原上不停的尋找媽媽，不管看到什麼動物，牠都跑過去問，會發生什麼事呢？
瑞比迷路記	繪本	Isabel Gaines	Studio Orlando	艾萌閣	瑞比想出一個餿主意，要阻止跳跳虎再到處蹦蹦跳跳，自己卻意外的迷路了。
電話鈴鈴鈴	繪本	櫻井あさを	いもとようこ	人類	丁丁家裡裝了新電話，他為了讓別人打電話來，想了一個好辦法，果然電話鈴鈴鈴的響起。
老鼠湯	繪本	阿諾・羅北兒	阿諾・羅北兒	遠流	老鼠在樹下看書，被黃鼠狼抓住，要把牠煮成老鼠湯，老鼠能逃過一劫嗎？
三年坡	繪本	李錦玉	朴民宜	台英社	傳說在三年坡跌倒就只剩三年的壽命。有一個老公公在三年坡摔了一跤，結果擔心得生病了，一位聰明的少年為他想出了一個辦法，化解老公公心中的疑慮。
和事佬彩虹魚	繪本	David Kirk	David Kirk	台灣麥克	彩虹魚和牠的同伴們快樂的生活在一起，可是，有一天，大鯨魚決定要給其他的魚一點顏色瞧瞧。彩虹魚要用什麼方法處理呢？
聰明的小烏龜	繪本	法蘭西斯卡・馬登	法蘭西斯卡・馬登	三之三	在非洲尼亞沙湖岸的大象和河馬，為了誇耀誰才是最強壯的，因此爆發了一場爭霸戰，聰明的小烏龜想出了一個妙計，化解了緊張的局面。
瑪莉的祕密	繪本	大衛・麥基	大衛・麥基	和英	瑪莉想要一雙彈性好的新鞋，但可不便宜，媽媽想到了一個好方法，她告訴了瑪莉，且叮嚀她不可以說出去。不久後，瑪莉終於買了新鞋。到了學校，瑪莉把這個祕密說出去，就這樣傳來傳去，好多人都知道了，祕密被發現後對瑪莉一家人有什麼影響呢？

書名	類別	作者	繪者	出版社	內容介紹
會愛的小獅子	繪本	吉爾斯·安卓亞	大衛·瓦伊托維奇	三之三	小獅子李歐跟一般的獅子不一樣，整天只喜歡跟小動物們玩在一起，獅子家族的人不諒解牠，於是牠悄悄的離開了，到了陌生的叢林。雖然牠不知道怎麼生存，但是牠卻幫助了動物們，牠從來不要求回報。善良的小獅子最後會得到獅子家人的諒解而重回草原嗎？
找回真愛	繪本	巴貝柯爾	巴貝柯爾	格林	有一隻小狗叫「真愛」。真愛很努力的讓主人感到牠的溫暖分享、關懷，但主人卻感受不到。當真愛離開時，主人才開始苦苦思念。真愛會再度回來嗎？
一個愛的故事	小說	露絲·懷特		小魯	故事描寫一對表姊妹，他們的母親是親姊妹，也各有不同的優點。後來因為不幸的事發生，促使這對表姊妹互相扶持，一起面對失去親人的傷痛，心智也更成熟了。
魔法灰姑娘	小說	蓋兒·卡森·樂文		小魯	愛拉一出生，在無意間受到了詛咒。在繼母及兩位奸詐姊妹的欺壓下，憑著聰明、慧黠，在出發尋求自我的路途上都能化險為夷。
人間有晴天	小說	金柏莉·威樂絲·荷特		小魯	這是一個探索生命意義的故事，透過虎娃的思考探討智障、學障，呈現出人們的偏見與殘忍、憐憫與嘲諷。

歷史文化

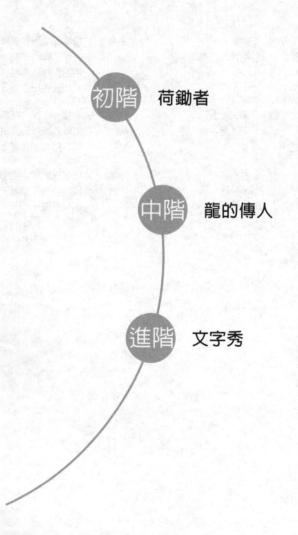

初階　荷鋤者

中階　龍的傳人

進階　文字秀

【初階】　　　　　　　　　　　　　　　　　　　　　　　　歷史文化

荷鋤者

簡名崇

> 　　農人，一直是稻田中的無名英雄，與烈日搏鬥，靠天候吃飯，唐朝詩人李紳在其〈憫農詩〉中，留下了詩人對農夫的深切關懷。但兒童們是否真正體會到農夫的辛苦？是否能珍惜盤中之飧？不僅牽涉到他對農夫這個職業的尊重，也影響到他對辛勤的農業社會中，傳統文化及歷史的尊重。
>
> 　　筆者基於這些思慮而設計本次教學活動，希望以李紳的〈憫農詩〉為楔子，帶領兒童經由朗誦、領略、表演、體驗、參觀、畫圖等活動，逐步逐層深入農村的生活情態，以輝映〈憫農詩〉的情境，懇請教師能引導兒童重新賦予農夫在歷史文化中應有的英雄地位，並藉由回顧農業社會的生活情狀，找回其原有之核心價值。

壹、在這個活動中，學生將要：

一、朗誦唐朝詩人李紳的〈憫農詩〉。

二、演出〈憫農詩〉中的情境。

三、體驗農家生活。

四、參觀農具展覽。

五、畫出〈憫農詩〉情境中的農家生活。

六、閱讀文章，並接受閱讀測驗。

貳、教學活動：

一、活動步驟

㈠先請小朋友朗誦唐朝詩人李紳的〈憫農詩〉：「鋤禾日當午，汗滴禾下土。 誰知盤中飧，粒粒皆辛苦。」教師並引導兒童探討詩中描寫的情境，並配合農村圖片或影片與現代生活環境做對比，讓兒童發表對農業社會的認知與想法。

㈡若天時、地利、人和皆許可，不妨安排一趟農村生活體驗之旅。（若無法安排農村之旅，亦可以毽子代替秧苗，跑道代表農田，請小朋友體驗在大太陽底下，彎腰倒行插秧的情境，然後再請小朋友發表感想。）除了加深〈憫農詩〉的背景了解外，亦可印證兒童自己所想像的農村生活和實際的農村生活之間有何差異。

㈢體驗了農村自然生活，也不妨參觀一下農具展覽（若無此資源，亦可以圖片或影片代替），從各式農具的參訪中，對農村的社會、人文、文化將有深度的認知，同時也能從操作者（農夫）的角度去理解勤勞、辛苦、樂天、知命在農業社會的普遍性與必要性。（配合農具大展學習單）

㈣發給每人一張八開圖畫紙，請學生根據想像力及觀察力，畫下〈憫農詩〉情境中的農家生活。

㈤發下閱讀測驗學習單，藉此篇閱讀測驗，賦予農人在歷史文化上的無名英雄地位，並總結本次教學活動，畫下完美句點。

二、延伸活動

以五至六人為一組，分組依據〈憫農詩〉的情境來設計表演，然後由教師評審哪一組最能把詩中的農村生活及農人辛勤耕作的情景表現得最好、最貼切，最好的那一組頒給「神農獎」以茲鼓勵。

參、學生將學會：

學習目標	對應之九年一貫課程能力指標	
一、我會朗誦〈憫農詩〉。	語文 C-1-1-2-4	能正確的使用標準國語說話。
	語文 C-1-1-10-13	說話語音清晰，語法正確，速度適當。
	語文 E-1-2-1-1	能讀懂課文內容，了解文章的大意。
	語文 E-1-7-9-4	能掌握基本閱讀的技巧。
二、我知道〈憫農詩〉在說明什麼。	語文 E-1-2-1-1	能讀懂課文內容，了解文章的大意。
三、我知道農村生活情形。	生活 1-1-3	了解住家及學校附近環境的變遷。
四、我知道農人是使用哪些農具來耕耘收穫。	生活 3-1-1	舉例說明科學和技術的發展，為自己生活的各個層面帶來新風貌。
五、我會畫〈憫農詩〉中，農夫辛苦工作的情景。	生活 4-1-2	藉由生活的經驗與體認，運用視覺藝術創作的形式，表現自己的感受和想法。
	生活 6-1-1	透過藝術創作，感覺自己與別人、自己與自然及環境間的相互關連。
六、我從閱讀中知道農夫對我們的食物來源貢獻很大。	語文 E-1-3-1-1	能培養閱讀的興趣，並培養良好的態度和習慣。
	語文 E-1-3-5-2	能在閱讀過程中，領會作者的想法，進而體會尊重別人的重要。

肆、小筆記：

伍、學習單：

（一）荷鋤者：補充閱讀測驗學習單

　　我這輩子第一次的稻米栽培是從今年春天開始的，這一畝田雖然不大，但對我而言卻是意義重大，因為終於有機會嚐到自己用血汗換來的粒粒盤中飧了。稻田裡的工作始終沒完沒了，日子就在犁土、播種、插秧、施肥、除草和除蟲之間，週而復始的往返。從表面上看來，一方一畦的嫩綠青翠，儼然一幅寧靜田園彩繪，然而一旦卑躬屈膝插足入地，稻浪迎頭照面而來，你將發現，綠色生命下，別有一番微妙的變化，無時無刻不在展現生命的奇蹟。

　　生平第一次的農夫生涯，必須隨時保持最佳的體能狀態，並且必須在四個月漫長的過程中，學習如何忠誠的守護田園並信任土壤中的醞釀，然後耐心等待種子的突破與成長。至此我終於了解，種稻的從來不是農夫，一個好的農夫，只是在一旁默默的付出，靜靜的陪伴，天地自會長養所有的生命，使它們在最恰當的時機生長、開花與結果。有了此一體悟就更明白——原來唐朝詩人李紳在「鋤禾日當午，汗滴禾下土，誰知盤中飧，粒粒皆辛苦」詩中沒有明說的稻田裡的無名英雄，就是農夫。

測驗：

1. （　　）農夫在田裡的工作不包括哪些事情？
  (1) 翻土。　　(2) 播種。　　(3) 堆肥。　　(4) 競選。

2. （　　）為什麼作者覺得自己種田是意義重大的事？
  (1) 因為終於有機會嘗到自己血汗換來的粒粒盤中飧了。
  (2) 因為終於可以吃到沒有農藥的稻米。
  (3) 因為覺得種田比較輕鬆，不必勞心。
  (4) 因為可以曬出一身古銅色的皮膚，看起來很健美。

3. （　　）本文中，為什麼說種稻的從來不是農夫？
  (1) 因為農夫整天好吃懶做，不事耕種。
  (2) 因為農夫只是默默付出，靜靜陪伴著稻米的長大。
  (3) 因為農夫只從事捕魚的工作，沒有種稻。
  (4) 因為農夫只有販賣稻米，而沒有耕作。

4. （　　）本文中，哪一種人是稻田裡的無名英雄？
  (1) 皇帝。　　(2) 大臣。　　(3) 將軍。　　(4) 農人。

（二）「農ㄋㄨㄥˊ具ㄐㄩˋ大ㄉㄚˋ展ㄓㄢˇ」學ㄒㄩㄝˊ習ㄒㄧˊ單ㄉㄢ

農ㄋㄨㄥˊ具ㄐㄩˋ名ㄇㄧㄥˊ稱ㄔㄥ	農ㄋㄨㄥˊ具ㄐㄩˋ的ㄉㄜ用ㄩㄥˋ途ㄊㄨˊ

陸、評量標準：

<table>
<tr><th colspan="3">評量標準</th></tr>
<tr><th>編號</th><th>工作</th><th>評量細目</th></tr>
<tr><td>1</td><td>朗誦〈憫農詩〉</td><td>能大聲準確朗誦，並注意音調的高低輕重。</td></tr>
<tr><td>2</td><td>表演〈憫農詩〉情境</td><td>能體會〈憫農詩〉情境，並表演生動。</td></tr>
<tr><td>3</td><td>體驗農家生活</td><td>能細心體會農人插秧或耕作時的辛苦。</td></tr>
<tr><td>4</td><td>參觀農具展覽</td><td>能知道各種簡單農具的用途及使用方法。</td></tr>
<tr><td>5</td><td>畫一幅農村生活圖</td><td>能將觀察體驗的結果轉化成圖畫形式呈現農家生活。</td></tr>
<tr><td>6</td><td>接受閱讀測驗</td><td>仔細閱讀補充文章，並正確回答問題。</td></tr>
</table>

柒、相關網站：

<table>
<tr><th>網站及網址</th><th>網站介紹</th></tr>
<tr><td>台灣米食文化
http://contest.taivs.tp.edu.tw/game/120_5758/main1.htm</td><td>因為農人終年辛勞，貢獻極多，如果沒有他們默默的耕耘，人們都要餓肚子了。農人們面對了一次又一次的經濟變遷，這些「生產者」的苦心，常常被忽略了。所以本網站主要針對「稻米的經濟發展」做深入的研究，希望能藉由這個網站，讓大家都能更了解稻米的經濟變遷。</td></tr>
<tr><td>農業易遊網
http://ezgo.coa.gov.tw/</td><td>本網站對台灣之農業特色、農特產品、精緻農業、農業旅遊等相關農業項目，提供最新資訊，可供旅遊參考。</td></tr>
<tr><td>行政院農委會
http://bulletin.coa.gov.tw/</td><td>農委會為農業政策的領航掌舵者，本網站囊括全國農業政策法令之大全及相關農業網站之連結，可提供許多教學之課外補充。</td></tr>
<tr><td>全唐詩電子檢索
http://chinese.pku.edu.cn/tang/</td><td>全唐詩電子檢索系統分為《公共瀏覽版》與《專業檢索版》，在瀏覽界面中，您可以按原書順序、按作者、按體裁等方式瀏覽，頗為便利。</td></tr>
</table>

捌、我的表現（評量表）：

我的表現如何？	學生自評			老師回饋		
	我真是有夠讚	我的表現還不錯	我還需要再加油	你真是有夠讚	你的表現還不錯	再加油一點會更棒
我能夠						
1 我大聲而正確的朗讀〈憫農詩〉。						
2 我能體會〈憫農詩〉的情境並能認真表演。						
3 我用心體驗農家生活的辛苦。						
4 我用心觀察各種農具和它的用途、用法。						
5 我會將體察農家生活的結果用圖畫呈現。						
6 我從閱讀中知道農夫是稻田裡的無名英雄。						
我做到了						
1 參觀完農具展覽，我能完成農具大展學習單。						
2 我能獨立完成以農家生活情境為主題的圖畫。						
3 我能珍惜現有資源與食物，絕對不浪費。						
4 我能體會農人的辛勤，並且將它用戲劇的形式呈現出來。						
我學會了						
1 我能背誦〈憫農詩〉。						
2 我知道各種農具的用途及用法。						
3 我知道農夫的工作是很辛苦的。						
4 我了解團隊合作的重要。						

◎老師想對你說的話：

「荷鋤者」分組自評、互評表

組別 / 互評項目	本組	第（ ）組	第（ ）組	第（ ）組	第（ ）組	第（ ）組
神農獎表演 1.團隊表演默契良好						
2.表演內容精采生動						
3.表情自然豐富						
4.表演時間控制得當						
總分（1～4項目加總）						
名次						
與本組表現之相對比較（認為表現超越本組之組別請打✓）						

小朋友請注意：

1. 每一個項目的給分在十分到二十分之間。
2. 請在打完分數後，統計完五項成績，成績最高分者給予第一名的名次，然後依此類推，把各組的名次一一填上。
3. 成績比本組更好的組別請打✓。

「荷鋤者」教師評量表						
評量項目＼組別	第一組	第二組	第三組	第四組	第五組	第六組
神農獎表演 1.團隊表演默契良好						
2.表演內容精采生動						
3.表情自然豐富						
4.表演時間控制得當						
總分（1～4項目加總）						
名　次						
各組特殊表現紀錄						

玖、延伸閱讀：

書名	類別	作者	繪者	出版社	內容介紹
跟阿嬤去賣掃帚	繪本	簡娟	黃小燕	遠流	簡娟以她一樁來自蘭陽平原的童年往事，紀念六十年代台灣農村那一群勤勞、有毅力又能相互成全的人，同系列〈台灣真少年〉叢書，也值得介紹給小朋友延伸閱讀。
記得茶香滿山野	繪本	向陽	許文綺	遠流	這是一樁來自茶鄉的童年往事。介紹南投鹿谷的茶鄉，樸實安靜的歲月，陪伴著詩人向陽的少年。同系列〈台灣真少年〉叢書，也值得介紹給小朋友延伸閱讀。
台灣農村一百年	專書	康原		晨星	本書藉由完整的影像資料，忠實反映台灣農村的變遷面貌，舉凡農村常見的動物、器具、文物、民俗，均歷歷在目、完整呈現。在實用與美感間，提供讀者相當充裕的思考空間，是一本兼具考證及文學價值的重要書籍，尤其本教案中有「農具大展」單元，若能參考本書，收穫更多。
幼兒成長拼圖——農村樂	拼圖教具（150片）	三暉編輯群		三暉	拼圖不僅是一項好玩的遊戲，在本學習單元中，很適合使用於課堂中，使孩子在歡愉中享受學習成果，對於教育功能與價值上，實為學習上的極佳輔助教材。
世界上最美麗的村子	繪本	小林豊	小林豊	小魯	本書內容圖文並茂，文字筆觸淺顯易懂，圖畫色彩柔和、勾勒出阿富汗充滿異國風味的世界，且譯文配上注音符號，讓大小朋友都能輕鬆閱讀。
七個稻草人	繪本	芭芭拉‧比希納	安東尼‧布拉丁斯基	玉山社	作者透過簡單生動的故事，描述生態平衡的問題，也巧妙的點出人與自然的關係。

【中階】

龍的傳人

簡名崇

　　當「龍的傳人」這首歌再度響起時，有多少兒童能對「龍」這個字的文化意涵，有清楚的概念與親切的理解？「龍」為何和中華文化畫上了等號？為何中華民族自認為是「龍的傳人」？

　　「龍」與中華歷史文化之間有著一股內在的連結，它顯現於廟會節慶中、建築器皿上、也暗藏於成語傳說內，上自廟堂天子，下至販夫走卒，一律以身為「龍的傳人」而備感榮耀。本次教學活動旨在喚起兒童對「龍」的深層探索，從「說龍」演說龍的傳奇故事；接著「話龍」以海報簡介龍的形象與動態；然後分組賞玩以「龍」的成語為主題的「接龍」比賽；也別忘了以藝術的眼光來製作一條活動的龍；並且以歡樂的氣氛演出節慶中翻騰活潑的龍舞；最後以兩篇補充文章之閱讀測驗，總結本次教學活動，希望經由文學、藝術、民俗多元角度的學習，加深這群「龍的傳人」對龍的喜愛與理解。

壹、在這個活動中，學生將要：

一、說龍：五、六人一組，蒐集一則有關「龍」的故事，並上台說故事。

二、話龍：五、六人一組，設計一份關於「龍」的圖文簡介海報。

三、接龍：五、六人一組，用有關「龍」的成語來接龍比賽。

四、畫龍：五、六人一組，創作一條可以活動的龍。

五、舞龍：五、六人一組，表演舞動之前設計的龍。

六、化龍：閱讀有關「龍」的文章，並接受測驗，以融會貫通之。

貳、教學活動：

一、本活動以小組分段評量為主，事先將班級學生區分為六組，請每組於課前蒐集有關「龍」的故事及資料，然後分組上台說一則五至十分鐘的故事，以內容、說話技巧、語調、時間控制、儀容姿態五大方向為評量標準，各小組依此做自評及互評。

二、向學生說明「龍」的形制（升龍、莽龍、夔龍、雲龍、立龍、坐龍、行龍、蟠龍、交龍、蟠龍、降龍、雲龍）、形象（三停：自首至膊、膊至腰、腰至尾、皆相轉折。九似：頭似駝、角似鹿、眼似鬼、鼻耳似牛、頸似蛇、腹似蜃、鱗似鯉、爪似鷹、掌似虎。七忌：嘴忌合、眼忌閉、頸忌胖、身忌短、頭忌低、爪忌收、尾忌拖。）及其在歷史文化上的隱喻象徵，然後根據以上說明請小朋友製作一份關於「龍」的圖文簡介海報，製作完後並於走廊明顯處展示一週，供大家欣賞評審。

三、請各小組課前盡量蒐集關於龍的成語及其解釋，在上課時進行小組間成語接龍比賽，在比賽過程中，每位小朋友都要記錄下每句成語，並當作回家查成語解釋的作業，看誰查得最多、記得最多，即榮登「龍的傳人」榜。

四、先播放有關舞龍的影片，引導小朋友根據以上所學的知識經驗，以小組為單位，製作一條可以活動的龍，材料、大小不拘，可製作成皮影戲之方式，也可以製作成立體的龍，教師從旁予以協助。

五、當活動式的龍製作完畢後，請各小組設計一段舞龍的表演，鼓勵小朋友勇於創新動作，適時增添聲光效果，製造節慶時歡樂的氣氛，並從中體會「龍」在節慶時的重要性及必要性。

六、發下閱讀測驗學習單，除了加深學生了解「龍」在傳統歷史文化發展史上的重要性外，也藉此閱讀測驗，總結本次教學活動。

參、學生將學會：

學習目標	對應之九年一貫課程能力指標	
一、能知道有關「龍」的故事。	語文 C-2-3-7-7	說話用詞正確，語意清晰，內容具體，主題明確。
二、能知道「龍」的特徵和形象。	語文 C-2-2-2-2	能針對問題，提出自己的意見或看法。
	語文 C-2-1-1-2	能和他人交換意見，口述見聞，或當眾做簡要演說。
	語文 B-2-2-7-8	能簡要歸納聆聽的內容。
三、能知道「龍」在人類文化發展中的象徵意義。	語文 E-2-9-8-1	能利用電腦和其他科技產品，提升語文認知和應用能力。
四、能運用海報來做「龍」的簡介。	自然 1-2-5-3	能由電話、報紙、圖書、網路與媒體獲得資訊。
	自然 1-2-5-2	能傾聽別人的報告，並能清楚的表達自己的意思。
	語文 C-2-2-2-2	能針對問題，提出自己的意見或看法。
五、能翻查關於「龍」的成語及解釋。	語文 F-2-6-7-1	練習利用不同的途徑和方式，蒐集各類可供寫作的材料。並練習選擇材料，進行寫作。
	語文 D-2-2-3-1	會查字辭典，並能利用字辭典，分辨字義。
六、知道「龍」也能成為節慶中的吉祥物	社會 4-2-1	說出自己的意見與其他個體、群體或媒體意見的異同。
七、能設計製作出立體的「龍」，使它更有美感及意義。	藝文 1-2-1	探索各種媒材、技法與形式，了解不同創作要素的效果與差異，以方便進行藝術創作活動
八、能從閱讀中知道關於「舞龍」的由來及有關「龍」的成語故事。	語文 E-2-2-1-1	能養成主動閱讀課外讀物的習慣。
	語文 E-2-4-7-4	能將閱讀材料與實際生活情境相聯結。
	語文 F-2-4-4-2	能配合閱讀教學，練習撰寫摘要、札記及讀書卡片等。

肆、小筆記：

伍、學習單：
（一）龍的傳人：補充閱讀測驗學習單(1)

舞龍

　　舞龍，是漢民族傳統的舞蹈之一，又名「耍龍燈」、「龍燈舞」，每逢喜慶佳節廟會，中原各地都有舞龍的習俗，只見龍舞盤旋隱顯於人海之中，好似飛龍或躍在淵，加上煙塵瀰漫，炮聲震耳，儼然人間諸多感恩祈請皆因龍騰而上達天聽。

　　關於舞龍的起源，民間有一個傳說：話說有一天，東海龍王腰痛得很厲害，龍宮中所有大夫用盡各種藥物都無法把龍王的腰痛治癒。百般無奈下，龍王只好變成一位老頭子來到人間求醫。大夫把脈後，驚覺此人脈象怪異，必非凡胎，乃順勢問道：「想必老伯您不是人吧！」龍王眼看瞞不過去，只好將實情和盤托出，於是大夫請他變回龍王原形，並從其腰間的鱗片中捉出一隻蜈蚣，再經過去毒敷藥，龍王很快便完全康復。龍王為了報恩，於是便向大夫說：「只要照我的模樣紮龍舞耍，就能風調雨順、五穀豐收。」龍王治病這事兒一經傳出之後，人們便以為龍王能興雲佈雨，於是開始有舞龍祈雨的儀式。

　　後來，這種舞龍祈雨的儀式逐漸形成一種風氣，從此舞龍就成為逢年過節時常見的文化活動。

測驗：

1. （　　）「舞龍」又有什麼樣的稱呼？
　　　⑴ 耍龍燈。　　　　⑵ 吊龍燈。
　　　⑶ 提龍燈。　　　　⑷ 點龍燈。

2. （　　）本文中關於舞龍的傳說，和哪一個人物的疾病有關？
　　　⑴ 閻羅王頭痛。　　⑵ 海龍王腹痛。
　　　⑶ 海龍王腰痛。　　⑷ 海賊王背痛。

3. （　　）依龍王的樣子「紮龍舞耍」有什麼作用？
　　　⑴ 風雨交加、五穀欠收。　　⑵ 風狂雨驟、五穀不分。
　　　⑶ 風調雨順、五穀豐收。　　⑷ 風停雨歇、五穀發霉。

4. （　　）逢年過節時的文化活動，除了舞龍外，還有什麼常見活動？
　　　⑴舞犬。　　　　⑵舞獅。
　　　⑶舞羊。　　　　⑷舞蛇。

（二）龍的傳人：補充閱讀測驗學習單(2)

成語故事：直搗黃龍

岳飛字鵬舉，少懷大志，忠孝自期，畢生以精忠報國為職志，所以學習專一，武藝精純，至於文武雙全，備受矚目。

宋朝宣和四年，岳飛應召入伍，由於驍勇善戰，從一個普通士卒逐漸躍升為領袖，統領勁旅。岳飛對待部屬非常仁厚，士卒生病了，他親自熬湯藥以侍；士卒戰死了，他也盡全力撫養其家小，甚至把朝廷給自己的犒賞一律分給士卒，所以部下們都打從心眼兒裡感佩至極。每有軍事行動之前，他都要召集將校商量，商定好了才行動，所以部隊即使突然遇到敵人，也不驚慌，森然有序。他治軍要求紀律也十分嚴格，有一次一個士卒未經同意，拿了老百姓的一條麻繩綁馬鞍子，一經查獲馬上被軍法處死了。有時部隊在路上過夜，老百姓開門要收留他們，卻沒有一位士卒敢進去。由於岳飛統領的軍隊紀律嚴明，愛民而不擾民，老百姓都稱呼他們為「岳家軍」，以示尊崇愛戴。

岳家軍與金國奮戰十餘年，收復了宋朝大片失地。尤其朱仙鎮會戰，大敗金兀朮，金人士氣盡喪，宋人銳氣高漲，被金國統治的宋民也紛紛起來響應抵抗金國，收復中原的希望指日可待。岳飛於是高興地對部下說：「直抵黃龍府，與諸君痛飲爾！」（黃龍府，今吉林農安，當時是金國腹地）。所以「直搗黃龍」即指乘勝追擊，將戰鬥進行到底的意思。

測驗：

1. (　　) 岳飛是哪一朝代之人士？
   ⑴宋朝人。　　　　⑵元朝人。
   ⑶漢朝人。　　　　⑷唐朝人。

2. (　　) 岳飛帶領軍隊的方式為何？
   ⑴軍紀鬆散，對部下漠不關心。　　⑵軍紀嚴明，對部下很寬厚。
   ⑶軍紀很有彈性，與部下吃喝玩樂。　⑷毫無軍紀，部下貪生怕死。

3. (　　) 岳家軍參與過哪次決定性戰役，並大破金兀朮？
   ⑴ 黃龍府會戰。　　⑵ 農安會戰。
   ⑶ 吉林會戰。　　　⑷ 朱仙鎮會戰。

4. (　　) 「直搗黃龍」這句成語的意義是什麼？
   ⑴指乘勝追擊，將戰鬥進行到底。　　⑵指趁黃龍不注意，搗蛋到底。
   ⑶指趁亂混水摸魚到底。　　　　　　⑷指直接與黃龍戰鬥到底。

（三）龍的傳人：成語蒐查排行榜

成　　語	成語解釋	成　　語	成語解釋

陸、評量標準：

評量標準		
編號	工作	評量細目
1	說龍	能於課前尋找「龍」的資料，並注重說故事之技巧。
2	話龍	能迅速組織蒐集之資料，並完成「龍」的簡介海報。
3	接龍	能正確說出關於「龍」的成語，並查出解釋。
4	畫龍	能用心創作，呈現龍的活潑性質。
5	舞龍	能演出舞龍時的歡樂情態。
6	接受閱讀測驗	仔細閱讀補充文章，並正確回答問題。

柒、相關網站：

網站及網址	網站介紹
竹滬金龍隊 http://www.zfp.ks.edu.tw/dragon/index.htm	為竹滬國小金龍隊網站，有舞龍陣勢簡介，可供參考。
宜蘭縣龍獅技藝協會 http://www.digarts.com.tw/dragon-lion/org-dragon.htm	本網站有舞龍醒獅等民俗推廣教材，可供老師課前準備及課程之中當作補充教材之用。
大紀元文化網 http://www.epochtimes.com/b5/ccstories.htm	本網站有：文化新聞、文海暢游、藝術博覽、中國歷史、異國文化、大千世界、修煉傳奇、故事點播、幽默精選等項目，包舉甚多中華文化項目，可供參考閱覽。
中國文化研究院 http://www.chiculture.net/	中國文化研究院是以弘揚中國文化，研究中國文化為宗旨的學術機構，其中「燦爛的中國文明」是一個全方位的中國文化知識供應網站。服務對象為香港中學生、老師和教育界人士等。本網站以跨學科、跨領域的編製模式，將中國文化精華輯成十八個系列二百個專題，涵蓋了中國語文、哲學、歷史、文學、科學、藝術等範疇，令中學生對中國文化有較全面的認知，培養他們多向學習和主動尋找學習渠道的意識。
中國的節慶 http://content.edu.tw/local/taipei/tpteach/holiday/holiday.htm	介紹元宵節、中元普渡、清明節、中秋節、端午節、重陽節、冬至、尾牙、除夕春節、端午節、中秋節、重陽節等節慶習俗。

捌、我的表現（評量表）：

我的表現如何？	學生自評			老師回饋		
	我真是有夠讚	我的表現還不錯	我還需要再加油	你真是有夠讚	你的表現還不錯	再加油一點會更棒
我能夠						
1 我依照指示進行課前準備，並勇於發表。						
2 我仔細思考「龍」的隱喻及文化意義。						
3 我用心觀察「龍」的形象與動態。						
4 我用心創作符合觀察及想像結果的「龍」。						
5 我用心體會舞龍的技巧。						
6 我從閱讀中獲知關於舞龍的源流及相關成語故事。						
我做到了						
1 我能上台說一個「與龍有關」的故事。						
2 我能和同學合作完成「與龍有關」的簡介海報。						
3 我能查出「與龍有關」的成語與解釋。						
4 我能仔細閱讀「龍的傳人」課外文章，並完成測驗。						
5 我能製作完成一條活動式的龍。						
6 我能發揮創意，設計一套舞龍的舞步。						
我學會了						
1 我能說出數個「與龍有關」的故事。						
2 我知道龍的特徵和形象。						
3 我知道至少五個「與龍有關」的成語。						
4 我知道如何製作一條活動式的龍。						

◎老師想對你說的話：

互評項目		組別	本組	第（ ）組	第（ ）組	第（ ）組	第（ ）組	第（ ）組
		「龍的傳人」分組自評、互評表						
說龍話龍		1.內容精采生動						
		2.說話聲音技巧						
		3.語調抑揚頓挫						
		4.姿態大方，儀容整潔						
		5.時間控制得當						
		6.海報圖案精美						
		7.海報之內容充實						
		8.海報版面之安排妥適						
		9.海報製作認真						
接龍		成語接龍得分（加分題）						
畫龍		10.畫龍注意三停九似						
		11.龍身立體，能靈活運動						
		12.龍的比例勻稱，形態優美						
舞龍		13.有搭配音樂演出						
		14.營造熱鬧聲音及氣氛						
		15.講究舞龍身段						
		16.團隊默契良好						
總分（1～16 項目加總）								
含加分題總分								
名　　次								
與本組表現之相對比較（認為表現超越本組之組別請打✓）								

P.S. 1～16 項，每項給分標準在一至五分內，成語接龍為加分題，答對一題得一分，另計後再加總。

「龍的傳人」教師評量表			第一組	第二組	第三組	第四組	第五組	第六組
評量項目　　　　　組別								
說龍	1.內容精采生動							
	2.說話聲音技巧							
	3.語調抑揚頓挫							
	4.姿態大方，儀容整潔							
	5.時間控制得當							
話龍	6.海報圖案精美							
	7.海報之內容充實							
	8.海報版面之安排妥適							
	9.海報製作認真							
接龍	成語接龍得分（加分題）							
畫龍	10.畫龍注意三停九似							
	11.龍身立體，能靈活運動							
	12.龍的比例勻稱，形態優美							
舞龍	13.有搭配音樂演出							
	14.營造熱鬧聲音及氣氛							
	15.講究舞龍身段							
	16.團隊默契良好							
總分（1～16 項目加總）								
含加分題總分								
名　　次								
各組特殊表現記錄								

P.S. 1～16 項，每項給分標準在一至五分內，成語接龍為加分題，答對一題得一分，另計後再加總。

玖、延伸閱讀：

書名	類別	作者	繪者	出版社	內容介紹
巨龍與七個月亮	專書	喬安妮·狄·李昂	喬安妮·狄·李昂	台灣商務	菲律賓民間故事中，有七個月亮同時高掛天空，可是，有一條住在海底的巨龍，每天晚上看著月亮，一天比一天更想吃掉它們。終於有一天，這條好奇的巨龍飛上了天，狼吞虎嚥的吃起月亮來，一個接著一個。當牠吃到只剩最後一個月亮時，天上的神明得到人們的支持，決定對付這條貪婪的龍……。
少年龍船隊	專書	李潼		天衛	全書以宜蘭縣為背景。藉著划龍船的故事，勾勒出台灣鄉土的風貌，比如鄉土的祭典、裝扮及整修龍船、布袋戲、歌仔戲、放水燈……等等；此外，對鄉土間人際關係的描寫亦頗多著墨。
十二生肖的故事	專書	羊憶政		國語日報	本書很詳細的描述了十二生肖的由來及十二生肖的種種傳說，對於龍的解說也能從各種角度深入探討，頗適合兒童延伸進修之用。
竹鳳凰	專書	朱效文		天衛	這是一本講愛書人的故事，故事主角公孫駿在秦始皇下達焚書令後，為了保存書籍，將一卷卷的竹簡削成一隻隻的竹鳳凰、竹龍、竹馬。充分刻畫出秦朝初年的歷史及知識份子對書籍的熱愛。
中華文化通史——親子共學手冊	專書	國立歷史博物館		國立歷史博物館	本書是由歷史博物館主編之親子共學手冊，本教案中各項有關龍的資料皆可由此書中獲得，很適合教師參考取用，書中並附有學習單可供使用。
1000個文字的故事	專書	新雅兒童教育研究中心		新雅	本書包含了一千個文字的故事，是很好的參考資料。

【進階】

歷史文化

文字秀

簡名崇

　　當幼兒牙牙學語時，就與文字結下不解之緣，直到開始學習使用文字，並欣賞到文字之美，此時文字之於人類，已不可同日而語，在整個文明發展過程中，文字始終不離不棄於人類，扮演著化腐朽為神奇，傳經驗於筆觸的重要角色。因此在本次教學設計中，希望透過口耳相傳與文字接龍二活動的實施，讓兒童對比出文字與口語在文化傳承之間的正確度及差異性，並由此導引出文字在人類文明發展進程中出現的必要性；藉由象形字猜謎及自創文字二活動，以引導兒童測度古人造字的觀察力、想像力與創造力；然後以製作美化姓名卡片的活動，傳達文字內在的藝術性。最後透過閱讀學習單總結出中華文字發展史由創造、演進、歸納分析的簡單歷程。

壹、在這個活動中，學生將要：

一、全班區分六組，玩口耳相傳的遊戲。

二、全班一起完成一篇以「文字」為主題的文字接龍的短文。

三、分組猜象形字遊戲。

四、每人自創兩個象形文字，並說明創作理念。

五、製作一張美化姓名卡片。

六、閱讀倉頡造字及許慎歸納六書的文章，並接受閱讀測驗。

貳、教學活動：

一、先將班級學生區分為六組，每組給一小段短文，由小組中的第一位小朋

友先閱讀，然後以口耳相傳方式，依次小聲傳遞短文內容給下一位小朋友，直到最後一位小朋友時，必須將短文大聲唸出來，然後檢驗其與原文相似的程度，並藉此突顯古代以口耳相傳方式傳承語言的模糊性與不準確性。

二、準備一張一百字的稿紙，由老師開頭先寫一個字，然後全班依次傳遞書寫，輪流三次，並藉此創作出一篇短文，然後請小朋友大聲唸出短文內容，全班一起檢驗其正確度，再與口耳相傳的活動互相對照，對比文字和語言在歷史上出現的先後次序，以及為何文字必須出現的文化意涵。

三、每組發給一張不同的象形字卡，讓小組討論、猜測它是什麼字，並要求各小組說明猜測的原因為何？最後公布答案，並一一解說這些象形字背後的故事及其創造意涵，並導引出研究甲骨文的困難及趣味所在。

四、每人發給一張象形文字學習單，請學生根據想像力及觀察力，猜測有關動物的象形文字，並自創出兩個象形文字，展示於黑板上，並邀請學生主動發表造字的過程及依據，亦可發表造字的心路歷程及感想，藉此活動體驗倉頡造字的心路歷程。

五、每人發給一張十六開卡片，設計美化自己的姓名，創作一幅姓名畫，並展示欣賞，也藉此活動了解文字為何需要改變？並導引出許慎歸納六書，使我們能有系統的看出中國文字演變的軌跡，了解其偉大不在倉頡之下。而且透過歷代的書法家創作出楷書及行、草、隸、篆等文字，使中國字堂堂邁入藝術的殿堂。

六、發下閱讀測驗學習單（包含倉頡、許慎），除了加深學生了解文字發展史上的大功臣外，也藉此三篇閱讀測驗，將文字的創造、演變、研究解讀的歷史過程，畫龍點睛的呈現出來，並總結本次教學活動，畫下完美句點。

參、學生將學會：

學習目標	對應之九年一貫課程能力指標	
一、知道口語和文字在表達和流傳之間的差異。	語文 C-2-2-2-2	能針對問題，提出自己的意見或看法。
二、知道為什麼文字會在口語之後出現。	語文 C-2-2-2-2	能針對問題，提出自己的意見或看法。
	語文 C-2-1-1-2	能和他人交換意見，口述見聞，或當眾做簡要演說。
	語文 B-2-2-7-8	能簡要歸納聆聽的內容。
三、知道文字在人類文明發展中的重要性	語文 E-2-9-8-1	能利用電腦和其他科技產品，提升語文認知和應用能力。
四、知道象形文字和想像力、觀察力、創造力之間的關聯。	語文 C-2-2-2-2	能針對問題，提出自己的意見或看法。
五、能運用想像力、觀察力、創造力來自創象形文字。	語文 F-2-6-7-1	練習利用不同的途徑和方式，蒐集各類可供寫作的材料。並練習選擇材料，進行寫作。
六、知道文字也能成為藝術作品。	社會 4-3-3	蒐集人類社會中各種藝術形式，並能進行美感的欣賞、溝通與表達。
七、能設計自己的姓名，使它更有美感及意義。	藝文 1-3-3	嘗試以藝術創作的技法、形式、表現個人的想法和情感。
八、能從閱讀中知道使中華文字進展的重要人物及其貢獻。	語文 E-2-2-1-1	能養成主動閱讀課外讀物的習慣。
	語文 E-2-4-7-4	能將閱讀材料與實際生活情境相聯結。
	語文 F-2-4-4-2	能配合閱讀教學，練習撰寫摘要、札記及讀書卡片等。

肆、小筆記：

伍、學習單：

（一）文字秀：補充閱讀測驗學習單(1)

　　據說中國文字，是由上古時期一位倉帝史皇氏創造出來的，他名叫頡，人稱倉頡。有一年，倉頡一路巡狩到南方，登上陽虛之山（現在陝西省雒南縣），臨于玄扈洛之水，忽然看見水面浮起一隻大龜，龜背上環繞許多青色花紋。倉頡看了備感稀奇，就取來仔細端詳研究。反覆看來看去之後，赫然發現龜背上的花紋竟是有意義可通的。他想，花紋既然能夠表示意義，如果準此例以訂立規則，豈非人人皆可用來傳達心意、記載事情嗎？

　　倉頡從此日思夜想，四處觀察，仰觀天象星羅密佈、俯察地理山川脈絡、進而觀察蟲魚鳥獸之痕跡、草木土石之形狀……等，描摹繪寫，創造臨摹出種種不同的符號，並且為每個符號訂下代表的意義。他按自己的心意用符號拼湊成幾段，展示給族人觀看，經他詳細解說，倒也令人看得明白，於是更增添倉頡造字的信心與樂趣，後來他便把這種自創的符號叫作「字」。

　　倉頡造字成功後，陸續發生了許多怪事，此時白日竟然下粟如雨，晚上又聽到鬼哭魂嚎。為什麼下粟如雨呢？原來倉頡創造了文字後，從此可用來傳達心意、記載事物，自然值得上天慶賀。但鬼靈又為什麼要哭呢？據說，因為有了文字，民智廣開，民德日薄，所有欺偽狡詐、爭奪殺戮將由此而生，天下從此便永無太平日子，連鬼靈也不得安寧，難怪要鬼哭魂嚎了。

測驗：

1. （　）倉頡看到了什麼而興起研究文字的動機？
　　(1) 龍身上的金黃麟角。　　(2) 鳳凰身上的彩色羽翼。
　　(3) 大龜背上的青色花紋。　　(4) 虎豹身上的條紋。

2. （　）倉頡造字的依據為何？
　　(1) 參考《說文解字》書中的資料。　　(2) 查閱《康熙字典》而來。
　　(3) 參考甲骨文的成果。　　(4) 觀察描摹大自然景象而來。

3. （　）倉頡造字成功後發生了哪些怪事？
　　(1) 白日下粟如雨，夜聽鬼哭魂豪。　　(2) 白日眾仙下凡，星夜天女散花。
　　(3) 瞬間眾鳥齊鳴，百花齊放。　　(4) 頓時烏雲遮日，迷霧環身。

4. （　）倉頡造字成功後，為什麼會發生上述怪異現象？
　　(1)因天候不佳，楣運上身。　　(2)因上天慶賀，鬼靈難寧。
　　(3)因上天氣憤，鬼靈慶賀。　　(4)因上天開玩笑，鬼靈惡作劇。

（二）文字秀：補充閱讀測驗學習單⑵

㈠許慎

　　許慎生於東漢光武帝建武六年，卒於安帝延光三年（西元三○～一二四），享年九十五歲。據《後漢書‧儒林傳》記載：許慎字叔重，汝南召陵人，性情淳厚篤實，年輕時就博讀經書，識見卓越，東漢經學家馬融經常當人之面推崇他，因此，「五經無雙許叔重」這句褒揚之詞就不脛而走。雖然文名響亮，但他在仕途上卻很不得志，只做過小官，被推舉為孝廉，最後做到交縣縣令，抑鬱而終。他的著作有《五經異議》和《說文解字》十四篇，兩書後來都流傳於後世，尤其以《說文解字》最受推崇。

㈡《說文解字》

　　《說文解字》是許慎花了二十二年的青春歲月，嘔心瀝血，遍蒐群籍，分析歸納後方撰寫成書，它是我國第一部從形、音、義角度來釋字的字書（字典）。

　　這本書是中國文字學史上一本相當有價值的書。首先，《說文解字》在古今學術上是一部劃時代鉅著，它對中國文字進行全面性的整理，內容廣博精深，是古代的百科全書，足見許慎用力之精勤功深。再者，《說文解字》書中首創了五百四十個部首，讓九千三百五十三個字各有依歸，不致紛亂難尋，開近代辭書之先聲，創科學分類之模範。最後，此書劃一字形，也讓許慎成為繼秦朝李斯之後再次整理文字的一大功臣，而且他又分析歸納文字構造的法則，使六書（包括：象形、指示、形聲、會意、轉注、假借）之精義能夠因此顯著。《說文解字》的字形以小篆為主，亦可協助後人追溯東漢以前文字的淵源。

　　因為有許慎的《說文解字》，後來研究文字學的人才能在這基礎上再去深入研究中國文字的演變，因此，許慎足堪擔當中國的文字學鼻祖，也是自倉頡以來對中華文字貢獻最大的功臣。

測驗：

1. （　　）許叔重生於哪位皇帝在位時？

　　⑴周武王。　　　⑵西漢武帝。　　　⑶東漢光武帝。　　　⑷唐武宗。

2. （　　）我國第一部從形、音、義角度釋字的字典為何？

　　⑴《說文解字》。　　⑵《康熙字典》。　　⑶《百科全書》。　　⑷《永樂大典》。

3. （　　）許慎《說文解字》中所謂六書，指的是什麼？

　　⑴禮、樂、射、御、書、數。　　　　　　⑵詩、書、易、禮、樂、春秋。

　　⑶象形、指示、形聲、會意、轉注、假借。　　⑷食、衣、住、行、育、樂。

4. （　　）本文中哪一個人和中華文字的創造、整理無關？

　　⑴倉頡。　⑵李斯。　⑶許慎。　⑷馬融。

（三）象形文字大猜謎學習單

一、猜猜看下列象形文字各代表何種動物？

A：（　　）	B：（　　）	C：（　　）

D：（　　）	E：（　　）	F：（　　）

G：（　　）	H：（　　）	I：（　　）

二、請你也來設計兩個象形文字（動、植物或大自然景象皆可）

原來文字（一）	象形文字（一）	原來文字（二）	象形文字（二）

象形文字大猜謎之解答請見 178 頁。

陸、評量標準：

	評量標準	
編號	工作	評量細目
1	口耳相傳	能小聲、迅速、準確的傳遞短文之訊息。
2	文字接龍	能在傳遞書寫文字時，迅速組織思考並接寫內容。
3	分組猜象形字遊戲	能正確猜出象形字並清楚說明原因。
4	自創象形文字	能用心創作，設計貼切。
5	製作美化姓名卡片	用心作畫，增添姓名美感。
6	接受閱讀測驗	仔細閱讀補充文章，並正確回答問題。

柒、相關網站：

網站及網址	網站介紹
中國古代文字緣 http://chineseculture.why.to/	本網站旨在介紹中國文字及篆刻，值得初入文字欣賞領域者參考。
中華文化天地 http://edu.ocac.gov.tw/culture/chinese/cul_chculture/vod01html/vod01_06.htm	介紹中華文化中的文化、民俗、語文、典故、美食，另設有「台灣篇」，介紹台灣文化。
清蔚園——歷史文化館 http://vm.nthu.edu.tw/history/index.html	「清蔚園網際網路知識園區」原名為「脈望山房知性博覽會」，是清華大學歷史研究所黃一農教授的個人網站，後因人文社會學院、傳媒學程、教育學程以及資訊工程系的部分老師，認為其理念有可能發展成一甚具社會關懷和人文精神的新形態資訊傳媒，遂擬議結合國內各學術和教育界的有心人士，成立「清蔚園網際網路知識園區」，以推動精緻網路文化為目標。
中國文字的起源 http://ceiba.cc.ntu.edu.tw/Character-Lecture/ch5.html	本網站係台大中文系徐進富先生之文字學網站，對於中國文字有深入的研究，可供本教案準備時的參考資料。
中文教育網 http://www.chineseedu.hku.hk/index.htm	本網站係香港大學教育系之中文教育網站，主要提供中小學教師教學之參考資料，尤其以中文教學法及現龍系列對教師有很大用處。
中國文字藝術網站 http://art.2222.idv.tw/home/01.htm	本網頁旨在增進閱覽者對中國書法及碑帖之認識及涵養，值得介紹給小朋友欣賞。
中華文化傳統在台灣 http://www.taiwaninfo.org/info/culture_c/index.html	本網站為新聞局網站對於傳統中華文化在台灣之情形提供簡單之圖文介紹。

捌、我的表現（評量表）：

我的表現如何？	學生自評			老師回饋		
	我真是有夠讚	我的表現還不錯	我還需要再加油	你真是有夠讚	你的表現還不錯	再加油一點會更棒
我能夠						
1 我依照指示進行活動。						
2 我仔細思考文字的功用及意義。						
3 我用心猜度象形文字與現代文字的關聯。						
4 我用心創作符合觀察及想像結果的象形字。						
5 我用藝術的眼光美化自己的姓名文字。						
6 我從閱讀中獲知中華文字的源流及演進。						
我做到了						
1 我能了解象形文字的樂趣與設計的原意。						
2 我能獨立完成象形字學習單。						
3 我能設計屬於自己名字的象形圖畫。						
4 我知道兩篇閱讀測驗的內容大意。						
我學會了						
1 我能從象形文字猜測它所代表的現行文字。						
2 我知道中華文字的源流及演進。						
3 我知道歷史上哪些人與文字的發明有關。						

◎老師想對你說的話：

- -

- -

- -

- -

玖、延伸閱讀：

書名	類別	作者	繪者	出版社	內容介紹
文字的「故事」	專書	李梵		好讀	新解文字的源頭與有趣的故事。
文字的奧祕	叢書	企鵝編輯部	企鵝編輯部	企鵝	本書以叢書方式將帶領兒童一窺中國文字的神祕起源，認識中國文字的演變，體會中國文字的趣味。讓孩子從認識每個文字的故事開始，了解中國文字。
文字的故事	專書	唐諾（謝材俊）		聯合文學	作者打破傳統文字學生硬的論述格局，以個人的經驗出發，佐以旁徵博引古今中外典故，在私密的散文化行文中，細細道出一個個動人的文字故事，帶領我們重新領略中國文字的美好與精緻。在文字逐漸粗糙簡化的年代，這是親近文字、與文字培養感情最好的入門書。
中國文字的故事	專書	蔡明利		文豪	介紹中國文字的故事、演變、構造、並有趣味文字及語文精華。
看故事學書法	專書	周姚萍		小魯	本書中根據特色的不同，選取了歷史上具代表性的六位書法家：王羲之、張旭、顏真卿、米芾、趙孟頫、董其昌。用活潑生動的筆法，敘述他們學書法的歷程及生平，希望藉由這一則則好看的故事，使讀者對書法的各種字體有初步的認識，並引發對書法的興趣，領略書法之美。書後有附錄，介紹文房四寶及永字八法。
1000個文字的故事	專書	新雅兒童教育研究中心		新雅	本書包含了一千個文字的故事，是很好的參考資料。

象形文字大猜謎解答：

A：蛇 B：馬 C：犬 D：象 E：鳥 F：龜 G：龍 H：魚 I：鹿。

單元三

打造新社區

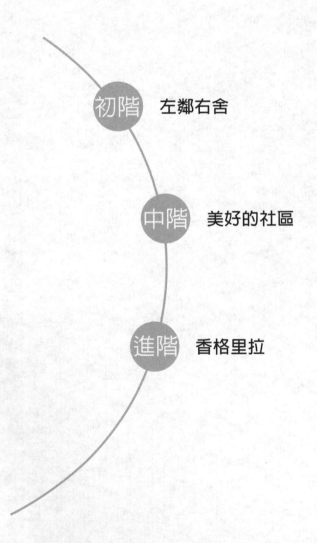

初階　左鄰右舍

中階　美好的社區

進階　香格里拉

【初階】　　　　　　　　　　　　　　　　打造新社區

左鄰右舍

黃淑芬

> 　　以前農業社會因人力需要，常聚居成村落，且民風純樸，街坊鄰居沒有不熟絡的；今日工商社會，結構大變，人多忙碌，左鄰右舍不熟，有的甚至不相識。為了讓小朋友了解「遠親不如近鄰」的重要，進而實踐「敦親睦鄰」，在這個活動中，小朋友將有機會去訪問、認識鄰居，並與鄰居做交流活動。

壹、在這個活動中，學生將要：

一、全班討論、設計訪問內容。

二、訪問一位班上的同學。

三、訪問一位最喜歡的鄰居。

四、討論如何和鄰居相處。

貳、教學活動：

一、活動步驟

　㈠說明活動的內容。指導小朋友進行討論如何訪問及訪問的內容，最後歸納出幾項必要而恰當的訪問項目（例如：姓名、年齡、職業、嗜好……）。活動進行中，小朋友若因經驗而設想不周，老師可提供意見，讓活動順利進行。最後由老師將歸納出來的項目設計成訪問單。

　㈡發下訪問單，讓小朋友在教室內訪問一位班上的同學，完成訪問記錄

後，交換訪問（老師應在活動開始前先指導小朋友該注意的禮節）。

最後，發表訪問成果和心得。

㈢再發訪問單和作業說明單，請家長協助帶領孩子進行拜訪鄰居的活

動，順便做一次睦鄰的活動。

㈣分享訪問鄰居的經驗，說一說以後要怎麼和受訪的鄰居往來，再討論

如何和鄰居和睦相處。由於是低年級小朋友，想法會比較單純，老師

可以提示討論的方向。

二、延伸活動

㈠畫一張住家的左鄰右舍圖，並簡單介紹其中的特色。

㈡說一說自己想要有怎樣的鄰居。

㈢介紹一位你最喜歡的鄰居。

參、學生將學會：

學習目標	對應之九年一貫課程能力指標	
一、如何去了解班上的同學。	綜合 1-1-1	描述自己以及與自己相關的人事物。
	綜合 1-1-2	認識自己在家庭與班級中的角色。
二、如何做一次恰當的訪問及該注意的事項。	語文 B-1-1-6-7	能學會使用禮貌語言，適當應對。
	語文 C-1-2-5-3	能表達自己的意思，自然與人應對。
三、知道如何和鄰居和睦相處。	綜合 3-1-2	體會團隊合作的意義，並能關懷團隊的成員。
	健體 6-1-3	展示能增進人際關係、團隊表現及社區意識的行為。
四、能參與班上的討論活動，表達自己的想法，且也能聆聽他人的看法。	語文 B-1-1-9-8	能主動參與溝通，聆聽對方的說明。
	語文 B-1-2-4-3	能聽出別人所表達的意思，達成溝通的目的。
	語文 C-1-2-5-3	能表達自己的意思，自然與人應對。

肆、小筆記：

伍、學習單：

我的好鄰居

　　請介紹一位你最喜歡、最要好的鄰居，你可以把和他（她）合照的照片貼在下面的框格中（沒有照片也可以用畫的喔）。

我的好朋友鄰居叫作＿＿＿＿＿＿＿＿＿，

他（她）今年＿＿＿＿歲，

他（她）長得＿＿＿＿＿＿＿＿＿＿＿＿＿＿＿＿＿，

他（她）的優點是＿＿＿＿＿＿＿＿＿＿＿＿＿＿＿，

我們常常一起＿＿＿＿＿＿＿＿＿＿＿＿＿＿＿＿＿，

我們是好朋友，我會珍惜我們的友誼。

陸、評量標準：

評量標準		
編號	工作	評量細目
1	畫簡易地圖	能用簡單圖像畫出代表住家和左鄰右舍的關係圖。
2	表達能力和溝通能力	⑴能清楚說出自己所畫簡易地圖的內容。 ⑵能主動參與討論活動。 ⑶能表達出自己的意見。 ⑷能注意聆聽別人的看法。
3	設計訪問單	⑴能從討論中選擇要點運用於訪問單的內容。 ⑵能以自己的風格完成訪問單。

柒、相關網站：

網站及網址	網站介紹
童書榨汁機 http://books.wownet.net/	介紹最新童書書訊。
和順國小學習步道 http://www.hses.tn.edu.tw/hoese/sp/schwalk/	學習步道區域配置圖、介紹步道主題內容。
台灣綠色學校伙伴網路 http://www.greenschool.org.tw/	歡迎認同學校在生活、空間、教學、行政四個面向，有生態思惟、尊重關懷、行動學習者，一起來做伙、分享交流。
社區與學校結合的模式與作法 http://www.nioerar.edu.tw/basis3/15/gi9.htm	介紹社區與學校結合的模式與作法。
社區資源手冊 http://921.yam.com/community/knowing/knowing_01.htm	了解社區的需要、善用社區媒體、召開社區會議、社區計畫及方案、社區人才培訓、如何運用資源、如何成立社區工作團體、有創意的社區組織。
「詩情花意，美麗校園」成果展 http://www.kh.edu.tw/news/y2010214.htm	加昌國小詩情花意，美麗校園成果展。營造公園化、藝術化的優質學習環境。
教材教法──社會服務活動資料蒐集 http://course.ncue.edu.tw/material8.shtml	介紹相關書籍文章。

捌、我的表現（評量表）：

我的表現如何？	學生自評			老師回饋		
	我真是有夠讚	我的表現還不錯	我還需要再加油	你真是有夠讚	你的表現還不錯	再加油一點會更棒
我能夠						
1 我能和同組的同學一起討論訪問單的內容和格式。						
2 我能在和同學討論時，提供自己的意見。						
3 我能專心聽取同學的意見。						
4 我能認真的訪問班上的同學。						
5 我能訪問一位鄰居並記錄訪問單。						
6 我能知道和鄰居和睦相處。						
我做到了						
1 我可以用自己的風格設計出一張訪問單。						
2 我可以勇敢的去訪問同學和鄰居。						
3 我可以向別人介紹同學和鄰居的特色和優點。						
4 我可以和同學、鄰居和睦相處。						
我學會了						
1 我會設計訪問記錄單。						
2 我學會訪問別人的方法。						
3 我知道和同學鄰居和睦相處的重要。						

◎老師想對你說的話：

_____

_____

玖、延伸閱讀：

書名	類別	作者	繪者	出版社	內容介紹
歐先生的大提琴	繪本	珍妮・卡特	葛瑞奇・高區	維京	以故事中的小女孩為主角，藉此述說著無情的戰爭，以及人們心中的恐慌。大提琴家歐先生用他的音樂，化解人們心中的恐懼，為人們帶來無限的希望。
髒雷莉的寶藏	小說	克萊兒・德胡昂	法畢斯・杜希耶	大穎	小女孩蕾莉最喜歡蒐集垃圾了，雖然克里奇村的村民們都覺得她好奇怪，可是她覺得垃圾其實是最珍貴的寶藏。

【中階】   打造新社區

美好的社區

黃淑芬

生活的改變、景物的變遷，常在時光的流轉中消失無蹤，社區的古時今貌常無跡可循。從這個活動中，小朋友可以重新認識自己所居住的社區環境，了解自己居住的位置，細心的去觀察社區的每個角落，發現社區的美，知道學習的過程就是要不斷的發現。

壹、在這個活動中，學生將要：

一、 畫一張上學路線圖。

二、拜訪社區。

三、描述社區中最喜歡的地方。

四、說一說美化社區的方法。

貳、教學活動：

一、教學預備

　㈠課前先請小朋友畫一張以學校為主體的上學路線圖。

　㈡教師事先聯絡或拜訪學校附近的商家或機構，告知將要帶學生進行拜訪的活動，得到支援和配合。

二、活動步驟

　㈠請小朋友拿出事先畫好的上學路線圖，教師依上學路線的相似性進行分組。

　　㈡教師指導分組討論並規畫出將要訪問的範圍（以學校周圍為主）。

　　㈢教師指導拜訪的技巧和內容（例如：商店或建築物的歷史、未來的發展、對社區的貢獻或影響……）。

　　㈣正式拜訪。活動進行時，可協商學校老師或義工媽媽幫忙注意學生的安全。

　　㈤拜訪活動結束之後，請學生發表對學校附近環境的進一步認識，且說出最喜歡的地方，再一起討論需要改進並美化的地方。

　　㈥共同討論美化學校附近社區的方法。

三、延伸活動

　　㈠教師導讀繪本《花婆婆》（文、圖：芭芭拉・庫尼，出版社：三之三）。

　　㈡請學生彼此分享心得。

　　㈢配合「花婆婆的傳人」學習單引導學生繪出美化社區的圖樣。

參、學生將學會：

學習目標	對應之九年一貫課程能力指標	
一、會畫平面路線圖。	社會 1-2-4	測量距離、估算面積、使用符號繪製或閱讀簡略平面地圖。
二、更了解自己居住的環境。	社會 3-2-4	認識鄰近機構，並了解社會資源對日常生活的重要。
	社會 1-2-3	覺察人們對地方與環境的認識與感受具有差異性，並能表達對家鄉的關懷。
	社會 1-2-5	調查家鄉人口的分布、組成和變遷狀況。
三、學會簡單訪談的技巧。	語文 B-3-2-9-12	能將聆聽的內容，加以系統紀錄。
	語文 B-3-2-4-6	能將所聽的重點歸納整理。

肆、小筆記：

伍、學習單：

（一）我的美麗「心」社區

小朋友，拜訪學校附近社區後，你覺得要優先改進的地方有：

如果你可以參與改善社區的計畫，你想怎麼做？

我心中理想的美好社區圖：

（二）花婆婆的傳人

🐝 讀完《花婆婆》，我的感想是：

🐝 我最喜歡其中的一段話：

🐝 帶著花婆婆的種子，踩著花婆婆的腳步，從我的社區出發，我將美化世界
　　的每個角落。

🐝 這是我美化社區的圖樣：

陸、評量標準：

評量標準		
編號	工作	評量細目
1	畫上學路線平面圖	(1)能將上學的路線畫成簡易的平面圖。 (2)能看出平面圖上所畫代表建築物和學校的關係位置。
2	了解自己居住的環境	(1)能簡明介紹學校附近社區的環境。 (2)能說出社區環境的優缺點。
3	分組拜訪社區活動	(1)能和同學分工合作並做好自己負責的部分。 (2)能記錄訪問內容的重點。

柒、相關網站：

網站及網址	網站介紹
童書榨汁機 http://books.wownet.net/	介紹最新童書書訊。
兒童文化館 http://www.cca.gov.tw/children/books/	推薦介紹各出版社國內外大獎繪本及當月書訊。
和順國小學習步道 http://www.hses.tn.edu.tw/hoese/sp/schwalk/	學習步道區域配置圖、介紹步道主題內容。
台灣綠色學校伙伴網路 http://www.greenschool.org.tw/	歡迎認同學校在生活、空間、教學、行政四個面向，有生態思惟、尊重關懷、行動學習者，一起來做伙、分享交流。
社區與學校結合的模式與作法 http://www.nioerar.edu.tw/basis3/15/gi9.htm	介紹社區與學校結合的模式與作法。
「詩情花意，美麗校園」成果展 http://www.kh.edu.tw/news/y2010214.htm	加昌國小詩情花意，美麗校園成果展。營造公園化、藝術化的優質學習環境。
教材教法──社會服務活動資料蒐集 http://course.ncue.edu.tw/material8.shtml	介紹相關書籍文章。

捌、我的表現（評量表）：

我的表現如何？	學生自評			老師回饋		
	我真是有夠讚	我的表現還不錯	我還需要再加油	你真是有夠讚	你的表現還不錯	再加油一點會更棒
我能夠						
1 我能畫出上學路線平面圖。						
2 我和同學討論時專心聆聽並提出自己的意見。						
3 我拜訪社區時能清楚提出問題。						
4 我能記錄並整理訪問內容。						
5 我能了解學校、社區環境。						
6 我能設計美化社區計畫。						
我做到了						
1 我畫出了一張上學路線平面圖。						
2 我清楚報告訪問到的內容。						
3 我表達了自己美化社區的想法。						
我學會了						
1 我學會訪問的技巧。						
2 我學會和同學合作完成一件事。						

◎老師想對你說的話：

玖、延伸閱讀：

書名	類別	作者	繪者	出版社	內容介紹
叢林是我家	繪本	勞拉‧費沙、托拉蒂利亞‧蓋里	勞拉‧費沙、托拉蒂利亞‧蓋里	大樹	叢林，是個奇妙無比地方，那裡雨水充沛，卻不容易被淋濕，茂密的樹林形成一個完整的樹冠層，保護所有住在裡面的生物。

【進階】　　　　　　　　　　　　　　　　　　　　　打造新社區

香格里拉

李秋蘭

> 透過社區總體營造運動，學校可以凝聚社區共識、結合社區資源，使學校能充分利用社區內的人力、物力、財力、自然、組織等資源，以改善學校教育品質。另一方面，也運用學校資源支援社區文化活動的開展，以提升社區的生活品質與文化，達到學校、社區資源相結合，創造學校、社區雙贏的新時代。「香格里拉」相關教學活動希望能讓學生初探「學校與社區總體營造」之精神，將社區與學校融為一體，共同營造學習新天地。

壹、在這個活動中，學生將要：

一、分為若干組勘查校園內外周邊可善加利用之空間，繪製平面圖。

二、分組討論規畫「香格里拉」──理想中的學習步道、學習角落。

三、分組討論在營造「香格里拉」計畫中，如何善加利用現有之人力、物力資源。

四、拜訪社區可提供人力、物力、財力之熱心家長及地方賢能，爭取資源。

五、能分工合作參與整個活動的進行。

貳、教學活動：

一、活動步驟

㈠分組勘查校園內外可再利用之學習空間（校園圍牆周邊步道、公園、社區活動中心、校園中可利用之空間、各樓層樓梯轉角空間……），

利用現有之人力、物力、自然景觀資源，討論規畫理想之學習角落、學習步道。

㈡繪製香格里拉平面位置圖。

㈢繪製香格里拉空間設計圖（例如：阿公阿媽講古區、自然生態區、童玩區、故事王國、律動瘦身區、彩繪區、詩情花藝區、搭樹屋……）。

㈣邀請願意參與此活動之熱心家長及地方賢能到校，共同討論、組織「香格里拉促進委員會」，訂定工作任務分配表及進度表。

㈤能分工合作依計畫按部就班完成各項規畫主題。

二、延伸活動

小組分工繪製宣傳海報介紹「香格里拉」，歡迎大家蒞臨共同成長與學習。

參、學生將學會：

學習目標	對應之九年一貫課程能力指標	
一、能發現校園及社區可再利用之空間並畫出平面位置圖。	語文 C-2-1-2-3	在看圖或觀察事物後，能以完整語句簡要說明其內容。
	語文 C-2-3-8-9	能利用電子科技，統整訊息的內容，作詳細報告。
二、能討論規畫出學習步道、角落主題。	語文 C-2-2-2-2	能針對問題，提出自己的意見或看法。
	語文 E-2-9-8-1	能利用電腦和其他科技產品，提升語文 認知和應用能力。
	藝文 1-3-8	透過在藝術集體創作方式，表達對社區、自然環境之尊重、關懷與愛護。
三、能畫出空間規畫設計圖。	語文 F-2-1-1-1	能養成觀察周圍事物，並寫下重點的習慣。
	語文 C-2-3-8-9	能利用電子科技，統整訊息的內容，作詳細報告。
四、拜訪社區熱心人士、地方賢能、學校家長會，爭取各項資源。	語文 B-2-1-9-4	能主動參與溝通與協調。
	語文 C-2-2-2-2	能針對問題，提出自己的意見或看法。
	語文 B-2-2-10-12	能從聆聽中，思考如何解決問題。
	語文 C-2-3-7-8	有條理有系統的說話。
五、能參與討論及分擔任務。	語文 B-2-1-9-4	能主動參與溝通與協調。
	語文 C-2-1-1-1	在討論問題或交換意見時，能清楚說出自己的意思。
	健體 6-1-5	了解並認同團體規範，從中體會並學習快樂的生活態度。
六、能任勞任怨且與人分工合作。	語文 C-2-3-4-1	他人與自己意見不同時，仍樂意與之溝通。
	健體 6-1-3	展示能增進人際關係、團隊表現及社區意識的行為。

肆、小筆記：

伍、學習單：

（一）尋訪心中的香格里拉

請畫出你心目中「香格里拉」的平面位置圖（包括校園內外周邊環境）。

（二）香格里拉相關資源一覽表

※我們的「香格里拉」所要呈現的主題是：

_____

※所需之人力資源：

_____

※所需之物力資源：

_____

※所需之財力資源：

（三）香格里拉空間設計圖

（四）香格里拉促進委員會工作小組任務分配表

陸、評量標準：

評量標準		
編號	工作	評量細目
1	用心觀察	能找到校園中可利用之空間。
2	分享與報告	各組能以積極的態度與同組同學共同討論，並清楚表達本組的規畫。
3	完成任務分配表	能主動積極的參加任務分配，也能盡力做好自己的工作。
4	畫出心中的香格里拉	能呈現主題及空間規畫景觀。

柒、相關網站：

網站及網址	網站介紹
和順國小學習步道 http://www.hses.tn.edu.tw/hoese/sp/schwalk/	學習步道區域配置圖、介紹步道主題內容。
台灣綠色學校伙伴網路 http://www.greenschool.org.tw/	歡迎認同學校在生活、空間、教學、行政四個面向，有生態思惟、尊重關懷、行動學習者，一起來做伙、分享交流。
社區與學校結合的模式與作法 http://www.nioerar.edu.tw/basis3/15/gi9.htm	介紹社區與學校結合的模式與作法。
社區資源手冊 http://921.yam.com/community/knowing/knowing_01.htm	了解社區的需要、善用社區媒體、召開社區會議、社區計畫及方案、社區人才培訓、如何運用資源、如何成立社區工作團體、有創意的社區組織。
「詩情花意，美麗校園」成果展 http://www.kh.edu.tw/news/y2010214.htm	加昌國小詩情花意，美麗校園成果展。營造公園化、藝術化的優質學習環境。
教材教法——社會服務活動資料蒐集 http://course.ncue.edu.tw/material8.shtml	介紹相關書籍文章。

捌、我的表現（評量表）：

我的表現如何？					
	學生自評			老師回饋	
	我真是有夠讚	我的表現還不錯	我還需要再加油	你真是有夠讚	你的表現還不錯	再加油一點會更棒
我能夠					
1 我能找到校內外可利用之空間。					
2 我能在分組討論時安靜聽別人的意見。					
3 我能和同學一起討論並明確表達自己的想法。					
4 我會畫出香格里拉平面位置圖。					
5 我能盡心盡力完成負責的工作任務。					
我做到了					
1 我能找到校園內外周邊可利用之空間。					
2 我能畫出空間設計圖。					
3 我能與人溝通並清楚表達自己的想法。					
4 我能與同學分工，負責自己的工作，完成任務。					
5 我能畫出香格里拉宣傳海報請大家來體驗一下。					
我學會了					
1 我會仔細觀察校園周邊可利用之空間。					
2 我會畫空間設計圖。					
3 我學會與人溝通的技巧與勇氣。					
4 我會主動親近並關懷學校及社區所處的環境。					

◎老師想對你說的話：

玖、延伸閱讀：

書名	類別	作者	繪者	出版社	內容介紹
花婆婆	繪本	芭芭拉‧庫尼	芭芭拉‧庫尼	三之三	在花婆婆小的時候，爺爺曾告訴她許多遙遠地方的故事，花婆婆希望自己也能像爺爺一樣四處旅行、老的時候住在海邊。爺爺告訴她別忘了要做一件讓世界變得更美麗的事。她答應了爺爺，雖然她不知道那是什麼。花婆婆旅行過許多地方，她在海邊一棟美麗的小屋住下來，不斷思考著如何做一件讓世界變得更美麗的事情，最後她終於知道該如何做了！
奇妙的種子	繪本	安野光雅	安野光雅	上誼	在大自然的運作下，種子會發芽、生長、增量，透過具體的數一數，孩子會發現種子比原先增加了許多！有的種子要貯藏起來，有的要賣出去，剩下的再種植，孩子從中可學到規畫、分配的觀念。
兒童社區探險隊	社會科學類	日本兒童與社區營		遠流	本書收錄了日本各地的公共團體及學校以兒童的觀點操作社區營造實例。對於台灣社區營造的推動，相信有很大的助益。
橘色奇蹟	繪本	丹尼‧平克華特	丹尼‧平克華特	遠流	梅豆豆先生住在一條房子都一個模樣的街上，有一天一隻冒失的鴿子銜著一桶油漆，在梅豆豆家屋頂上留下了一個大大的橘色斑點，為他帶來了靈感，也影響了其他人，甚至最後改變了整條街的風貌。
城市庭園	繪本	葛達‧穆勒	葛達‧穆勒	遠流	小維和家人新搬到城市的一間房子來，這裡有一座大花園，甚至還種著幾株老樹，雖然有些髒亂，但是小維相信有一天，這兒會是一座最美麗的「城市庭園」。
三隻小狼和大壞豬	繪本	尤金‧崔維查	海倫‧奧森貝里	遠流	小狼為了蓋一間舒適的房子，牠想盡辦法防止大壞豬的破壞，但是一次又一次的失敗，最後終於讓牠們找到了好辦法，有了舒適美觀的住處，也讓大壞豬改過。
天堂島	繪本	查爾斯‧奇賓	查爾斯‧奇賓	遠流	亞當和許多人一起生活的地方，叫作天堂島。亞當非常熱愛這個島。因為這裡的人不分貧富貴賤，彼此相知相惜。但是一個新的都市計畫逐漸改變天堂島的生活面貌，亞當有說不出的難過，不過亞當仍然和所有人一樣，接受不同的聲音，大家一起尋找社區生活的價值，適應一個新環境，一起再造新家園。

書名	類別	作者	繪者	出版社	內容介紹
街道是大家的	繪本	庫路撒	墨尼卡·多朋	遠流	這是一個發生在南美洲委內瑞拉的真實故事。敘述一群小朋友為了爭取營造屬於自己的遊戲和活動空間，勇敢表達自己的想法，和大家一起再造新家園的過程。

面向三：自然環境

台灣風情

初階　台灣出好米

中階　台灣之子
　　　——生命禮俗

進階　台灣之美
　　　——國家公園

【初階】　　　　　　　　　　　　　　　　　台灣風情

台灣出好米

陳純慧

> 　　台灣的氣候高溫多雨，非常適合稻穀的生長，因此稻米即成為咱們的主
> 要糧食。而米食和節慶間，也發展出各種不同風貌，且與咱們的生活、禮儀
> 及信仰，有著十分密切的關係。而「一粥一飯，當思來處不易」，故藉由活
> 動的進行，讓小朋友體認耕作的辛勞，感受米食的強大魅力，進而懂得感
> 恩，並培養珍惜食物與惜福的態度。

壹、在這個活動中，學生將要：

一、認識米，並了解耕田的步驟。

二、蒐集、剪貼及整理米食的相關資料。

三、以口頭報告清楚表達成果分享。

四、布置一場「米食饗宴」，體驗米食，感受米食的強大魅力。

五、為米創作一本小書。

六、培養愛物惜福的態度。

貳、教學活動：

一、活動步驟

　　㈠進行「猜一猜」活動引起動機，教師先準備紙箱，裡面放置稻穀、米
　　　粒……，請小朋友描述觸摸的感覺，並記在小白板上。學生猜出是
　　　「米」，即進行下一步驟。

㈡由老師導讀《大科學——稻米長大了》（文：張逸修譯，出版社：東西），學生能仔細聆聽觀賞、作筆記，並發表稻米成長的過程。

㈢米食追追追：可分組討論米的加工製品，及如何獲得相關的資料，教師亦事先整理米食相關資料。發給學習單，說明活動內容、流程及評分方式，給孩子較明確的搜尋範圍及目標，期能多方面介紹米的功能及特色，以了解米的強大效用。

㈣米的七十二變：分組報告所蒐集的資料，並攜帶二種以上米食，加以介紹及分享，進行「米食饗宴」，實際體驗米食，感受其強大魅力。

㈤製作「米之書」：請學生先自行構思一個關於米的故事，並將草稿寫出來。

　1. 方法一：教師發給每個學生一張白紙，請學生在紙上畫上許多格子，代表小書的頁次。請學生在第一小格寫上書名（例如：米的大小事、好呷ㄟ米、米有話要說……），再寫上接下來每一格的記錄方式，故事結束後，再加上一頁作者的介紹。書的最前及最後可各留一至二頁做封面及封底。了解小書的製作方式後，教師便發下正式的紙張，讓學生著手完成。

　2. 方法二：八格手工書。

㈥請學生上台介紹自己完成的小書，並說出自己在製作過程中的心得。

㈦將學生完成的「米之書」陳列於圖書角，以供彼此欣賞學習。

二、延伸活動

　　經過這些學習活動，老師可再配合節慶、學校或學年的主題統整活動，進行相關活動。例如：學區內若有相關資源（像是稻米博物館），可規畫實際探訪；亦可配合端午節，利用油飯包粽子，也可自製飯糰、壽司，讓學生有實際演練的體驗和樂趣。

參、學生將學會：

學習目標	對應之九年一貫課程能力指標	
一、認識並了解稻米耕作及生長過程。	語文 B-1-2-7-4 語文 E-1-7-7-3 生活 7-1-5	能有條理的掌握聆聽到的內容 能從閱讀的材料中，培養分析歸納的能力。 由系列的觀測資料，說出一個變動的事件。
二、能運用各種工具蒐集資料。	語文 E-1-5-2-1	能了解圖書室的設施、使用途徑和功能，並能充分利用，以激發閱讀興趣。
三、能參與討論與發表。	語文 C-1-1-1-1	能清楚明白的口述一件事情。
四、能知道米可以加工製成各種食品。	健體 2-1-2	了解環境因素如何影響到食物的質與量並探討影響飲食習慣的因素。
五、能創作一本有關於米的小書。	語文 F-1-1-1-1 生活 9-1-10 生活 6-1-1	能學習觀察簡單的圖畫和事物，並練習寫成一段文字。 喜歡將自己構想動手實作出來，以成品表現的習慣。 透過藝術創作，感覺自己與別人，自己與自然及環境間的相互關連。
六、懂得感恩、愛物、惜福。	語文 E-2-8-5-2	能理解作品中對週遭人、事、物的尊重關懷。

肆、小筆記：

伍、學習單：

（一）米ㄇㄧˇ食ㄕˊ追ㄓㄨㄟ追ㄓㄨㄟ追ㄓㄨㄟ：米ㄇㄧˇㄟ七ㄑㄧ十ㄕˊ二ㄦˋ變ㄅㄧㄢˋ

日期ㄑㄧ		組ㄗㄨˇ別ㄅㄧㄝˊ		組ㄗㄨˇ員ㄩㄢ：			
編ㄅㄧㄢ號ㄏㄠˋ	圖ㄊㄨˊ片ㄆㄧㄢ		名ㄇㄧㄥˊ稱ㄔㄥ	材ㄘㄞˊ料ㄌㄧㄠˋ	價ㄐㄧㄚˋ格ㄍㄜˊ	資ㄗ料ㄌㄧㄠˋ來ㄌㄞˊ源ㄩㄢˊ	
1							
2							
3							
4							
5							

（二）愛吃台灣米：粒粒皆是情

各位小朋友，在米食饗宴活動中，相信你已被米食強大的魅力所深深吸引。現在請你寫下對最愛米食的感受，且為這些「米的工作者」拍拍手，並寫下一句感恩的話。

🍚 我要強力推薦的米食是：＿＿＿＿＿＿＿＿＿＿＿，
🍚 它看起來＿＿＿＿＿＿＿＿＿＿＿＿＿＿＿＿，
🍚 它聞起來＿＿＿＿＿＿＿＿＿＿＿＿＿＿＿＿，
🍚 它吃起來＿＿＿＿＿＿＿＿＿＿＿＿＿＿＿＿。
🍚 請你為愛吃的米或米食設計最酷的造型：

🍚 我想對米說：＿＿＿＿＿＿＿＿＿＿＿＿＿＿
＿＿＿＿＿＿＿＿＿＿＿＿＿＿＿＿＿＿＿＿＿

🍚 米想對我說：＿＿＿＿＿＿＿＿＿＿＿＿＿＿
＿＿＿＿＿＿＿＿＿＿＿＿＿＿＿＿＿＿＿＿＿

🍚 感恩的話：＿＿＿＿＿＿＿＿＿＿＿＿＿＿＿
＿＿＿＿＿＿＿＿＿＿＿＿＿＿＿＿＿＿＿＿＿

陸、評量標準：

評量標準		
編號	工作	評量細目
1	聆聽書籍導讀	能專心聆聽，並融入書籍的情境中。
2	參與討論	在分組討論中會積極發表，也會尊重他人發言的機會。
3	分組合作	能將同組成員適當的分配工作，並做好自己的工作。
4	米食分享	能攜帶二種米食與人分享。
5	完成學習單	能用心填寫相關的學習單。
6	製作米的小書	將自己的構想動手實作出來，以成品展現。
7	米的小書發表	勇敢上台發表自創的小書。

柒、相關網站：

網站及網址	網站介紹
台灣米食文化 http://contest.taivs.tp.edu.tw/game/120_5758/main1.htm	本網站主要針對「稻米的經濟發展」做深入的研究，希望藉由此網站，讓大家能更了解稻米的經濟變遷。
米食大觀園 http://www.idea-tw.net	介紹稻米的成長及米的種類。
稻米家鄉 http://www.sj2es.tnc.edu.tw/sjnative/paddy3.htm	介紹農業的機械及稻米的種種。
大甲稻米農業文化館 http://www.tccab.gov.tw/farm/001/index.htm	本網站對文化館所提供的服務有詳盡的說明。內容有稻米概況、分布，二十四節氣及稻草、稻穀、稻鄉文化的介紹，更有展示區、農具體驗、視聽室、電腦測驗……。
兒童稻米數位文化館 http://www.ec-media.com.tw/daga/child_guide/c01.html	本網站分七大單元，有快樂小農村、稻米的世界、稻米成功記、恰米遊樂場、小稻米巡禮、文化館、教學百寶箱等等，對稻米有一系列豐富的介紹。

捌、我的表現（評量表）：

我的表現如何？	學生自評			老師回饋		
	我真是有夠讚	我的表現還不錯	我還需要再加油	你真是有夠讚	你的表現還不錯	再加油一點會更棒
我能夠						
1 我按照老師的指示完成活動。						
2 我安靜的聆聽老師給我們的導讀。						
3 我將找到的資料，用心整理在學習單上。						
4 我用心完成學習單。						
5 我專心的聆聽他人的意見發表。						
6 我用心感受米食的強大魅力。						
7 我認真設計自己的米之書。						
我做到了						
1 我明白的說出耕田的步驟。						
2 我清楚的介紹米的加工製品。						
3 我準備米製品和他人分享。						
4 我製作一本有關米的小書。						
5 我懂得感恩及愛惜食物。						
我學會了						
1 我知道稻米的生長過程。						
2 我學會如何蒐集資料。						
3 我知道米可以加工製成各種食品。						
4 我學會如何製作一本米的小書。						
5 我知道為什麼要學習這個主題。						

◎老師想對你說的話：

_____

_____

玖、延伸閱讀：

書名	類別	作者	繪者	出版社	內容介紹
稻米成長的故事	光碟	農委會			這套互動式影音光碟，以擬人化手法拍製，場景由一粒可愛的小稻穀揭開序幕，敘述整個稻米成長的故事。內容包括稻種的浸種催芽、苗床、耕田、播種、新鄰居、食物鏈、除草、施肥、可怕的敵人、開花結實、稻草人及收割、曬穀等十二個場景。
台灣農村一百年	專書	康原		晨星	本書藉由完整的影像資料，忠實反映台灣農村的變遷面貌，舉凡農村常見的動物、器具、文物、民俗，皆完整呈現，是一本兼具考證及文學價值的重要書籍。
世界上最美麗的村子	書籍	小林豊	小林豊	小魯	本書的內容圖文並茂，文字筆觸淺顯易懂，圖畫色彩柔和，勾勒出阿富汗充滿異國風味的世界，同時，譯文配上注音符號，讓大小朋友都能輕鬆閱讀。
一放雞二放鴨	書籍 CD	林武憲	趙國宗等十五位	青林	本書收錄了十五首最具代表的遊戲兒歌，包括沙包遊戲的「放雞鴨」……讓小朋友體驗不同族群文化的遊戲之樂；且精編的有聲書，讓孩子易懂兒歌由來及意思。
台灣鄉土兒童音樂經典之作系列──台灣的囝仔歌	CD	簡上仁音樂文化工作室		華納國際音樂	「台灣的囝仔歌」共三集，收錄台灣三百年來的童謠精華，能讓現代的孩子了解祖先代代相傳來的生活背景。 曲目「連珠歌組曲」：台灣是寶島、月娘月光光、台灣小吃、阿婆跋一倒。
七個稻草人	書籍	芭芭拉‧比希納	安東尼‧布拉丁斯基	玉山社	作者透過簡單生動的故事，描述生態平衡的問題，也巧妙的點出人與自然的關係。
稻草人	書籍	林秀穗		國語日報	爺爺和奶奶為稻草人換上新裝，使稻草人在照顧稻田時發揮很大的作用。土撥鼠、雲兒、烏鴉幫爺爺趕走了偷吃稻子的麻雀，讓他有好收成。
台灣的米食	書籍	翁雲霞		稻田	這是套書，共分十館，是孩童認識台灣的好材料……。

書名	類別	作者	繪者	出版社	內容介紹
稻米王子	錄影帶			廣電基金推廣處（公視）	介紹穀類生長過程。

【中階】　　　　　　　　　　　　　　　　　　　　　　　**台灣風情**

台灣之子——生命禮俗

陳秀華

> 　　一個人由出生到死亡經過了做出生禮（滿月、抓周）、成年禮、訂婚禮、結婚禮、祝壽禮（生日祝賀）、喪禮、祭祖與掃墓……等各個階段的台灣生命禮俗。在這個活動中，學生透過與長輩、同儕分享彼此生命禮俗的記事，藉此更了解台灣、貼近台灣。

壹、在這個活動中，學生將要：

一、透過繪本導讀了解人的一生分割成數個重要階段，每個階段都有特定的
　　儀式來呈現。

二、不同儀式代表各種特殊意義。

三、透過分組（每組負責一個主題）訪問長輩，了解自己家人從出生到死亡
　　經歷過哪些生命成長的禮俗。

四、完成生命禮俗的記事。

五、小組發表生命禮俗記事。

貳、教學活動：

一、活動步驟

　　㈠教師導讀繪本《老鼠娶新娘》（文：張玲玲，圖：劉宗慧，出版社：
　　　遠流）、《爺爺有沒有穿西裝？》（文：艾蜜麗・弗利德，圖：傑基
　　　・格希來，出版社：格林），進而引導學生討論人的一生可分割成哪

　　些階段,各階段有什麼禮俗及象徵意義,並完成「生命列車長」學習
　　單。

㈡透過分組(每組負責一個主題)配合學習單訪問長輩,並完成生命禮
　　俗訪談記事。

㈢小組分享個人家中訂定的生命禮俗儀式及其背後意義。

㈣彙整小組的生命禮俗記事並上台發表。

二、延伸活動

　　分享各組的生命禮俗記事之後,可以繼續往下討論,除了有關各階
段生命禮俗特有的儀式與意義外,尚有什麼禁忌及其意義或目的;最後
仍可以再做一次訪談記事並完成學習單。另外,也可做一個各階段禮俗
中的應景祝福語句大蒐集的活動。

參、學生將學會：

學習目標	對應之九年一貫課程能力指標	
一、能藉由閱讀繪本，與實際生活相聯結	語文 E-2-2-1-1	能養成主動閱讀課外讀物的習慣。
	語文 E-2-4-7-4	能將閱讀材料與實際生活情境相聯結。
二、能整理訪談內容並做記錄，了解成長可分為數個階段的生命禮俗及特殊儀式。	語文 B-2-2-2-2	能在聆聽過程中，系統歸納他人發表之內容。
三、能聆聽他人的訪談記事，以及願意與他人分享自己的記事。	語文 C-2-2-2-2	能針對問題，提出自己的意見或看法。
四、能了解及尊重他人的看法。	語文 B-2-2-2-2	能在聆聽過程中，系統歸納他人發表之內容。
	語文 C-2-1-2-3	在看圖或觀察事物後，能以完整語句簡要說明其內容。

肆、小筆記：

伍、學習單：

（一）生命列車長

　　小朋友，看過《老鼠娶新娘》和《爺爺有沒有穿西裝？》這兩本書之後，你知道人的一生當中除了結婚和死亡的禮俗之外，還可以分割成哪些階段的禮俗呢？現在，請你當個生命列車的列車長，將你知道的生命禮俗或儀式，依照順序加掛在火車頭後面。

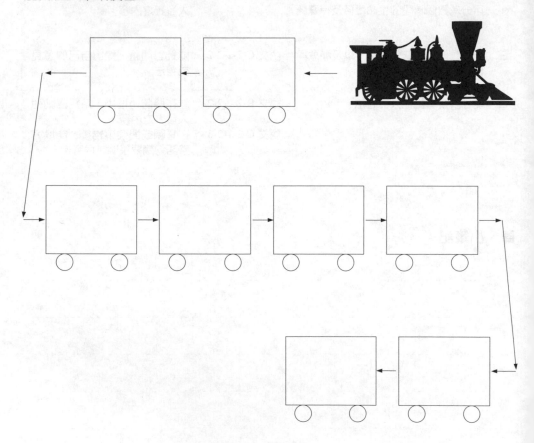

（二）生命禮俗記事

　　台灣人在生命成長的每個階段都會經歷特殊的生命禮俗，請你訪問長輩經歷過哪些生命成長的禮俗〔例如：出生禮（滿月、抓周）、成年禮、訂婚禮、結婚禮、祝壽禮（生日祝賀）、喪禮、祭祖與掃墓……等〕，再介紹有哪些儀式並說明其代表的意義。

（　　　　　　　　　　　　　　　　　　　　　　　　　　）的禮俗		
儀式名稱	方法或進行程序	代表意義
例：成年禮	古時十六歲時成年，不梳童髻，改在頭上結髮，男戴帽，女插笄或釵。 現代成年禮多在十八歲，收到的賀禮為六法全書和印章，象徵有公民資格。	除了象徵成年外，也接受應有的權利和義務。
1.		
2.		
3.		
4.		

為小朋友表現打分數，很滿意給 3 分，還不錯給 2 分，還要改進給 1 分。

1.態度恭敬□　　2.語句謙虛□　　3.事先預約時間□　　受訪者簽名：（　　　　　　）

（三）我該說什麼好？

每個人一生中都有可能參與自己或他人的生命成長的禮俗，在每個特別的階段都有特別的儀式，當然也要用不同的語言或文字來表達祝福。請你在下表中寫出（至少十句）生命禮俗中適當的祝福語。

禮俗或儀式名稱	適當的祝福語
例：祝壽禮	福如東海，壽比南山
例：喪禮	駕鶴西歸
例：婚禮	白頭偕老，永浴愛河

（四）長輩的叮嚀

　　每個人一生中都有可能參與自己或他人的生命成長禮俗，在每個特別的階段都有特別的儀式一定要做到，當然也有一些事千萬不能做。請你訪問長輩在不同階段禮俗中有哪些禁忌（至少十種）。

禮俗或儀式名稱	禁忌事項
例：祝壽禮	哭泣
例：喪禮	1.穿紅衣 2.大聲談笑
例：婚禮	1.生肖屬虎的人不可進新人房間 2.新人晚上就寢前任何人不可坐在床舖上

陸、評量標準：

評量標準		
編號	工作	評量細目
1	討論並歸納出人從出生到死亡，除了婚禮與喪禮之外的生命禮俗，並能依照順序排列	至少能照順序排列出八個生命禮俗。
2	有禮貌的訪問長輩	態度恭敬，語句謙虛，事先預約時間。
3	整理訪談內容	能寫出同一階段生命禮俗中相關的五種儀式或進行程序（完成學習單）。
4	蒐集禮俗祝福語	至少寫出十句搭配禮俗的祝福語（完成學習單）。
5	蒐集禮俗禁忌	至少寫出十種禮俗中的禁忌（完成學習單）。

柒、相關網站：

網站及網址	網站介紹
苗栗縣鄉土藝術活動全球資訊網 （鶴岡國中教師手冊） http://www.hegangjh.mlc.edu.tw/country/index.htm	對於鄉土藝術與禮俗等活動有很詳細的介紹，內容包含鶴岡國中教師手冊等資料，老師、學生都很適合使用。
網路圖書資訊 天衛文化圖書 http://www.tienwei.com.tw/index.asp 博客來網路書店 http://www.books.com.tw/ 兒童文學相關網站連結 http://ms2.pcps.tpc.edu.tw/~child/link.html 國語日報網路書局 http://www.mdnkids.org.tw/ebook/index/index.asp 小書蟲讀書坊 http://www.kidsbook.com.tw/	這些網站提供教師與學生獲得最新、最流行及受好評之圖書資訊，培養學生在閱讀的過程中，自己也可找尋喜歡或是時下流行之閱讀書籍、刊物等等。
生命禮俗禁忌 http://www.ty.ks.edu.tw/culture/taboo-4_1.htm	介紹布農族生命禮俗中特殊禁忌，以及有關食物、喪葬、婚禮……等禁忌。

捌、我的表現（評量表）：

我的表現如何？						
	學生自評			老師回饋		
	我真是有夠讚	我的表現還不錯	我還需要再加油	你真是有夠讚	你的表現還不錯	再加油一點會更棒
我能夠						
1 我能閱讀繪本，並了解人生重要階段的生命禮俗。						
2 我能有禮貌的訪問長輩。						
3 我將訪問到的資料，用心記錄在學習單上。						
4 我用心的回答學習單的問題。						
5 我和小組同學彼此分享訪談結果。						
6 我用心寫出適當的禮俗祝福語。						
我做到了						
1 我完成了「生命列車長」學習單。						
2 我和同學一同完成了「生命禮俗記事」學習單。						
3 我寫下十句生命禮俗祝福語。						
4 我寫下十項生命禮俗的禁忌。						
我學會了						
1 我知道如何訪問長輩。						
2 我學會怎麼去閱讀繪本。						
3 我採訪到不同的意見，並把它記錄下來。						
4 我知道從出生到死亡的許多生命禮俗。						
5 我知道生命禮俗相關的祝福語。						
6 我知道生命禮俗相關的禁忌。						

◎老師想對你說的話：

_____

_____

玖、延伸閱讀：

書名	類別	作者	繪者	出版社	內容介紹
台灣民俗之旅	散文	張揚		育聯	本書記錄台灣上一代流傳下來的好風故事與古蹟。同時也包含先住民的傳統習俗，可以讓孩子進一步了解台灣鄉土的點點滴滴。
台灣的習俗（禮俗篇）	散文	王雅慧	歐陽融、魏敬學	泛亞	本書借用視學來引導兒童閱讀台灣本土知識，讓孩子認識先民從出生到死亡所訂定的生命禮俗。

【進階】

台灣之美——國家公園

陳秀華

> 　　台灣地區擁有許多特殊的地形，再加上橫跨亞熱帶、熱帶氣候區，使得台灣地區風景秀麗，多采多姿，也孕育出豐富多樣的動植物生態。讓我們從最具有國家代表性的自然或人文資產的國家公園來認識台灣，進而保護台灣。

壹、在這個活動中，學生將要：

一、每組分別蒐集一座台灣地區國家公園的資料（六座國家公園分別是：墾丁、玉山、陽明山、太魯閣、雪霸、金門等）。

二、彼此分享學習單蒐集到的資料。

三、將國家公園的資料彙整並製作成海報上台發表。

四、討論歸納出國家公園設立的意義與必要性，以及誰是台灣真正的「原住民」。

五、完成「國家公園采風錄」、「尋找國家公園」等學習單。

貳、教學活動：

一、活動步驟

㈠教師請學生分組，每組分別蒐集一座台灣地區國家公園的資料（包括：特色、地理位置、環境與生態和旅遊路線）。

㈡每人依該組分配的主題完成「國家公園采風錄」學習單。

㈢小組內彼此分享學習單蒐集到的資料。

㈣小組合力製成海報並上台發表。

㈤分享並討論各組報告內容。

㈥歸納出國家公園設立的意義與必要性，以及誰是台灣真正的「原住民」。

㈦完成「尋找國家公園」……等學習單。

二、延伸活動

㈠教師亦可將「我們」的國家公園範圍，由「台灣地區」擴大為「世界各國」較具代表性的國家公園，進行國際間國家公園探索活動。

㈡台灣地區面臨原生動植物消失或瀕臨絕種的危機，又有洪水、土石流等災害（例如：櫻花鉤吻鮭、七二惡水），政府與專家學者一致推翻「人定勝天」這句話。是故，教師亦可延續學生已學會的國家公園精神，來改寫「人定勝天」這句話。

㈢台灣原住民各部落遵循著自己祖先流傳下來各族不同的傳說與習俗，傳說與習俗雖不同，卻不約而同的要族人敬畏自然，並都能與大自然中的山、林、鳥、獸和平共存。因此，教師也可以做一個活動探討，在「原住民」心中，台灣最早的「原住民」是誰（大自然中的山、林、鳥、獸）？

㈣探討台灣原住民不同部落過去流傳下來的傳說與習俗，和現在提倡的尊重自然與保育動植物觀念有哪些不謀而合之處。

參、學生將學會：

學習目標	對應之九年一貫課程能力指標	
一、會藉由蒐集資料的方式，提升閱讀能力。	語文 E-2-2-1-1	能養成主動閱讀課外讀物的習慣。
	語文 E-2-4-7-4	能將閱讀材料與實際生活情境相聯結。
二、能聆聽他人報告，以及願意與他人分享自己的看法。	語文 E-2-2-2-2	能在聆聽過程中，系統歸納他人發表之內容。
三、能了解台灣的國家公園。	語文 E-2-2-2-2	能在聆聽過程中，系統歸納他人發表之內容。
四、會在學習單上寫出自己的見解。	語文 C-2-1-2-3	在看完圖片或觀察事物後，能以完整語句簡要說明其內容。
五、能發表自己的看法以及尊重他人的看法。	語文 C-2-2-2-2	能針對問題，提出自己的見解和看法。

肆、小筆記：

伍、學習單：

（一）國家公園采風錄

　　台灣地區擁有特殊地形，再加上橫跨亞熱帶、熱帶氣候區，使得台灣地區風景秀麗，多采多姿，也孕育出豐富多樣的動植物生態。讓我們從最具有國家代表性的自然或人文資產的國家公園來認識台灣，進而保護台灣。現在就請你查查台灣的旅遊資料，或上網去查詢國家公園的資料。

名稱：	涵蓋面積：
成立時間：	分布縣市：
資源特色：	旅遊指南：

圖像資料：

（二）尋找國家公園

　　小朋友！我國於民國七十二年到八十四年間成立了墾丁、玉山、陽明山、太魯閣、雪霸、金門等六座國家公園，充當本國居民與自然之間的橋樑。請你用色筆在下圖國家公園區域上色，並在下表的（　　　）裡填上正確答案：

陸、評量標準：

評量標準		
編號	工作	評量細目
1	蒐集資料	閱讀書報、旅遊指南，找出符合主題的材料。
2	主動閱讀	簡要歸納閱讀內容與實際生活的連結。
3	表達自己的見解	能以完整語句簡要說明並寫出內容。
4	製作海報介紹國家公園	文字敘述簡明扼要，圖畫畫面清晰、一目了然。

柒、相關網站：

網站及網址	網站介紹
台灣的國家公園 http://np.cpami.gov.tw/about/01.asp	包含國家公園簡介、台灣國家公園發展史、國家公園大事記，並可分別連結到六大國家公園管理局網站，可提供國家公園各項資源與旅遊指南。
墾丁兒童資訊網 http://www.ktnp.gov.tw/kids/wealth/terrain00.asp	專為兒童設計的網站，包含墾丁國家公園的緣起、資源、生態、人文和歷史古蹟、互動遊戲……等。
墾丁國家公園管理局 http://www.ktnp.gov.tw/home/index.asp	提供墾丁國家公園介紹、活動資訊、導覽解說申請、兒童版網頁……等訊息。
玉山國家公園管理局 http://www.ysnp.gov.tw/welcom.as	提供玉山國家公園介紹、活動資訊、導覽解說申請、兒童版網頁……等訊息。
陽明山國家公園管理局 http://www.ymsnp.gov.tw/set_use/html/spring/spring_set.htm	提供陽明山國家公園介紹、活動資訊、導覽解說申請、兒童版網頁、山區氣候查詢……等訊息。
太魯閣國家公園管理局 http://www.taroko.gov.tw/summer/	提供太魯閣國家公園介紹、活動資訊、導覽解說申請、兒童版網頁……等訊息。
雪霸國家公園管理局 http://www.spnp.gov.tw/	提供雪霸國家公園介紹、活動資訊、導覽解說申請、兒童版網頁……等訊息。
金門國家公園管理局 http://www.kmnp.gov.tw/	提供金門國家公園介紹、活動資訊、導覽解說申請、兒童版網頁……等訊息。
台灣原住民文化園區 http://www.tacp.gov.tw/intro/fmintro.htm	本網站介紹台灣原住民十族的傳說、祭儀、地理……等。

捌、我的表現（評量表）：

我的表現如何？	學生自評			老師回饋		
	我真是有夠讚	我的表現還不錯	我還需要再加油	你真是有夠讚	你的表現還不錯	再加油一點會更棒
我能夠						
1 我能蒐集國家公園資料。						
2 我能用心聆聽他人報告。						
3 我將蒐集到的資料，用心記錄在學習單上。						
4 我會上網搜尋學習單的答案。						
5 我和小組同學彼此分享訪談結果。						
6 我用心做出海報來介紹國家公園。						
我做到了						
1 我完成了「國家公園采風錄」學習單。						
2 我完成了「尋找國家公園」學習單。						
3 我寫下「誰是台灣原住民」的意見。						
4 我寫下「如何和大自然相處」的意見。						
我學會了						
1 我知道如何蒐集資料。						
2 我會彙整有用的資料。						
3 我聆聽別組的報告，並把它記錄下來。						
4 我知道國家公園設置的意義及目的。						
5 我知道台灣的國家公園在哪裡。						
6 我知道如何尋找台灣的國家公園的概況及旅遊資訊。						

◎老師想對你說的話：

玖、延伸閱讀：

書名	類別	作者	繪者	出版社	內容介紹
看！我們的國家公園	地理叢書	唐炘炘等	歐台生等攝影	大地地理	本書藉由生動的攝影與插畫，配合詳細的描述來介紹我國六座國家公園，讓讀者很快速的認識到台灣的天然美景。
台灣的國家公園	地理叢書	魏宏晉等		遠足文化	本書先介紹國家公園的概論與緣起，再從全世界最早成立的國家公園簡介，接著詳細介紹我國六座國家公園。
台灣渡假旅遊熱門新境	旅遊指南	蕭瑤友		那路灣	除了台灣省各縣市旅遊景點介紹之外，同時附上各縣市交通地圖，以及搭車、開車、食宿說明……等。
與山海共舞原住民	鄉土	許雅芬等	王其鈞	秋雨文化	本書藉由生動的插畫與簡潔的文字，讓讀者認識台灣高山十族以及平埔族群的傳統祭儀、生活習俗……等風貌，以及如何與大地和諧共處的生活智慧。

【初階】

天搖地動──地震

傅大銘

> 九二一大地震後，造成了上千人的不幸死亡，地震的問題一下子成了全國最關心的議題。台灣地處於歐亞板塊和菲律賓板塊的交界處，本來就是地震的高危險區，因此，教導孩子有關於地震的成因，以及地震發生時的逃生方法實屬必要。

壹、在這個活動中，學生將要：

一、說出體驗地震的經過及對地震的感覺。

二、用搖動數個相連的桌子來模仿地震的發生。桌子表示板塊，桌了上的物品表示國家。

三、學習地震發生時的安全守則。

貳、教學活動：

一、活動步驟

㈠問學生遇到地震時的感覺，並讓學生發表對地震的看法。

㈡開始模擬地震發生的原因：放四到八張的桌子，模擬地球的板塊。

㈢放上不同的物品，有些物品放在桌子的中央，有些則放在桌子和桌子之間。

㈣向學生說明桌子就是地球板塊，而桌子上的物品就是處在板塊上的國家；若將東西放在桌子和桌子之間，是表示東西所代表的國家正處在

地震帶上。

㈤老師可以親自或請學生移動其中的一張桌子，要學生觀察其中有什麼變化，並且說明桌子的移動就好像是地震一樣。

㈥分組的學生中，每個人都去移動桌子，感受移動桌子和地震的關係。

㈦問學生地震發生時的安全守則，最後歸納出可能的守則。例如：

　1.地震發生時要保持鎮定。

　2.如果人在外面，要趕緊跑到空曠的地方，避開電線桿、建築物或圍牆等物品。

　3.若是人在屋裡，不要待在窗戶的附近，要躲到堅固的書桌、桌子或門框下面（躲到堅固的書桌、桌子或門框下面這點有些爭議，應和同學說遇到大地震時盡量往戶外來移動）。

　4.地震發生時的逃生演練。

二、延伸活動

　　要每位同學對地震的受災戶說出一些安慰和鼓勵的話，並且將些話記錄下來。

參、學生將學會：

學習目標	對應之九年一貫課程能力指標	
一、了解板塊的移動和地震成因的關係。	生活 8-1-1	運用五官觀察自然現象，察覺各種自然現象的狀態與狀態變化，用適當的語彙來描述所見所聞。運用現成的表格、圖表來表達觀察的資料。
	生活 8-1-4	觀察現象的改變（如：天氣變化、物體狀態的改變），察覺現象的改變必有其原因。
二、了解地震發生時的安全守則，且能在發生地震時確實遵守並隨機應變。	生活 7-1-11	養成注意周邊訊息做適切反應的習慣。
三、能寫出對地震的感覺。	語文 F-1-4-10-3	能應用文字來表達自己對日常生活的想法。
四、能畫下地震時該做的事，並用文字寫下來。	語文 F-1-4-10-3	能應用文字來表達自己對日常生活的想法。

肆、小筆記：

伍、學習單：

天搖地動的地震

一、東西放在桌子的中間是表示那個國家在板塊的上面，而東西放在桌子和桌子之間是表示那個國家處在_____

二、接上題，哪種情況比較會發生地震呢？

_____

三、寫下你對地震發生時的感覺：

_____

四、寫下並畫出發生地震時，你如何保護自己？

陸、評量標準：

評量標準		
編號	工作	評量細目
1	地震的感覺	(1)能說出地震的感覺。 (2)能寫出地震的感覺。
2	模擬地震	(1)能用桌子和桌上的物品來模擬地震。 (2)了解到桌子就是板塊，而其上的物品就是國家。 (3)了解何種情況下的地震最可怕？
3	地震的安全守則的認識	能夠知道地震來時該注意的事項，並能確實實施。

柒、相關網站：

網站及網址	網站介紹
中央氣象局地震測報中心首頁 http://www.cwb.gov.tw/V4/index.htm	隨時提供最新的地震消息及地震報告等相關地震資料。
台灣地震數位知識庫 http://kbteq.ascc.net/	在此可以找尋到關於地震的種種，此網站可連結各式各樣有關地震的網站，有關九二一的資料也相當的多。

捌、我的表現（評量表）：

我的表現如何？	學生自評			老師回饋		
	我真是有夠讚	我的表現還不錯	我還需要再加油	你真是有夠讚	你的表現還不錯	再加油一點會更棒
我能夠						
1 我能夠認真參與各項活動。						
2 我能和同組的小朋友一起模擬地震。						
3 我能在活動中說出並寫出對地震的感覺。						
4 我能在討論的過程中，說出自己的想法。						
5 我能畫下地震時會做的事情。						
我做到了						
1 我可以與同組的小朋友一起完成學習單。						
2 我可以在做實驗時，注意聽老師說的話。						
3 我可以在做實驗時，遵守秩序並注意安全。						
我學會了						
1 我學會在實驗後了解實驗和地震的關係。						
2 我學會地震來時應該注意的事項。						

◎老師想對你說的話：

_____

_____

_____

玖、延伸閱讀：

書名	類別	作者	繪者	出版社	內容介紹
地震	科學繪本	愛倫·普瑞格		國家地理	本書附有說故事CD，內容說明地震來了，該怎麼辦？為什麼會有地震呢？地震會造成哪些可能的災害呢？
希望的翅膀	繪本	郝廣才	陳盈帆	格林	一個小男孩的夢想，連結起全台灣所有人共同的生命記憶，讓九二一大地震中犧牲的生命不是只成為死傷記錄上的數字，而能藉著文學的生命力獲得重生。

【中階】   **大地之旅**

驚天動地──地震

傅大銘

　　九二一大地震後，造成了大家對地震的重視。然而，各家出版的教材中卻對地震的成因少有著墨，而大部分是只將重點放在所謂的逃生守則上。本教材的設計是用身邊的東西來模擬地震發生的成因，並同時教孩子地震發生時需要遵守的逃生守則。

壹、在這個活動中，學生將要：

一、用盤子中的沙子和磚塊模擬出地震的情形。

二、閱讀地震繪本並配合說故事 CD。

三、蒐集地震的相關報導，並找出其中的大意。

貳、教學活動：

一、活動步驟

　　㈠課前先要小朋友分組準備：烤盤或是大盤子、能夠裝滿半個盤子的沙子、一塊磚塊或拳頭大小的扁平石頭。

　　㈡將沙子放進盤子之中，把沙子壓緊，並把表面弄平。

　　㈢將磚塊或石頭放在沙子上，它會不會陷下去呢？

　　㈣現在開始搖晃盤子，會發生什麼事呢？

　　㈤要小朋友討論他們動手做出的地震，地震時在那裡比較會造成房子的下陷？是鬆軟的沙地還是堅實的地面？那麼，房子要建在哪裡比較安

　　　　全？

㈥用教材提示機展示國家地理雜誌出版的科學繪本《小小科學家——地
　　震》，同時播放書中所附的說故事CD。

㈦複習書中的幾個大主題，包括：地震的成因、地球上的幾大板塊、最
　　常發生地震的地方；前震、主震及餘震，以及地震發生時的安全守則
　　……等等，初步了解幾種常見的地震類型。

二、延伸活動

　　　　用保麗龍或是木頭做成各類斷層的模型，能夠實際的模擬出斷層，
　　並將其中的過程寫下及畫下來。

參、學生將學會：

學習目標	對應之九年一貫課程能力指標	
一、知道越是鬆軟的土地，發生地震時越是會使建築物塌陷。	自然 1-2-5-2	能傾聽別人的報告，並能清楚的表達自己的意思。
	自然 1-2-3-2	能形成預測式的假設（例如：這球一定跳得高，因……）。
	自然 1-2-3-3	能在試驗時控制變因，做定性的觀察。
二、了解地震的各種成因及地球上有幾大板塊。	自然 3-2-0-3	相信現象的變化，都是由某些變因的改變所促成的。
三、了解地球上最可能發生地震的地區。	環境教育 2-2-3	能比較國內不同區域性環境議題的特徵。
四、能蒐集資料，並能將其中的大意寫下來。	語文 E-2-4-2-1 語文 F-2-6-7-1	能掌握不同文體閱讀的方法。 練習利用不同的途徑和方式，蒐集各類可供寫作的材料，並練習選擇材料，進行寫作。
五、能寫下地震時的安全守則。	語文 F-2-1-1-1 語文 F-2-4-3-1	能養成觀察周圍事物，並寫下重點的習慣。 能應用改寫、續寫、擴寫、縮寫等方式寫作。

肆、小筆記：

伍、學習單：

驚天動地的地震

1. 「動手做地震」的實驗中，你覺得為何磚塊會陷入沙子中呢？

------

2. 你認為房子要建在哪裡會比較安全呢？

------

3. 蒐集一則和地震有關的（新聞）報導：

將文章貼在這裡

4. 請寫下這則報導的大意：

陸、評量標準：

評量標準		
編號	工作	評量細目
1	模擬地震	(1)地震和地層的關係。 (2)房子應建在哪裡比較安全？
2	聆聽說故事 CD	(1)地震的成因。 (2)地球上的板塊有哪些？ (3)地球上最常發生地震的地方。 (4)地震的前震、主震及餘震。 (5)地震發生時的安全守則。 (6)約略的了解幾種常見的地震。
3	蒐集文章	(1)蒐集地震的相關報導。 (2)閱讀文章後能寫下其中的大意。
4	地震防災	(1)寫下地震時該注意的安全事項。 (2)能在演習及真實地震中確實遵守地震防災。

柒、相關網站：

網站及網址	網站介紹
北一女中地球科學學習網站 http://www.fg.tp.edu.tw/~earth/eq.htm	為什麼會地震？什麼是斷層？地震帶來什麼災害？和地震相關的名詞有哪些？
國立中央大學地球物理所暨應用地質研究所 921 集集地震專題 http://gis.geo.ncu.edu.tw/921/default.htm	中央大學為九二一地震做的研究專題。有各式各樣的介紹，從地震的背景、成因、活動到各種的斷層活動、斷層破裂……等等。
地震 EQ http://www.webhospital.org.tw/eqquake/index.html	檢視你對地震防災、地震基本常識的 EQ，能夠保護自身和家人的安全，預防二次地震傷害。
YamKids 921 地震特報 http://kids.yam.com/quake/	網站內容有：我的地震書、「校園重建、希望重現」徵文及報導、921 回顧、災變教學資源、921 溫馨關懷語、地震問題知多少？災變後的我們能做些什麼？

捌、我的表現（評量表）：

我的表現如何？	學生自評			老師回饋		
	我真是有夠讚	我的表現還不錯	我還需要再加油	你真是有夠讚	你的表現還不錯	再加油一點會更棒
我能夠						
1 我能認真參與各項活動。						
2 我能用心動手做實驗、觀察及記錄。						
3 我能了解這個實驗所要傳達的意思。						
4 我能蒐集地震的相關文章。						
5 我能擷取文章中的大意並做記錄。						
我做到了						
1 我與同組的小朋友一起完成學習單。						
2 我在做實驗時，注意聽老師說的話。						
3 我在做實驗時，遵守秩序並注意安全。						
我學會了						
1 我學會在實驗後，了解實驗和地震的關係。						
2 我學會地震來時，應該注意的安全守則。						

◎老師想對你說的話：

_____

_____

_____

_____

_____

玖、延伸閱讀：

書名	類別	作者	繪者	出版社	內容介紹
我們的地球	百科	Steve Parker、Nicholas Harris 等		閣林	本書詳細介紹了地球的內部、板塊構造論、海底擴張、褶皺和斷層、地震為什麼會發生地震波……等等。
地震王國	繪本	崔永嬿	崔永嬿	上提	作者藉由書中的小女孩，說出了全台灣，甚至全世界住在地震區裡所有居民的心聲，她希望能住在遠離地震的地方。更難得的是，她還將心願付諸行動。

【進階】

狂風暴雨——颱風

傅大銘

> 颱風在每年的夏秋兩季會光臨台灣好幾次，常常造成農業上重大的損失，嚴重的還會威脅到我們生命財產的安全。本教材在告訴孩子颱風的成因，以及我們在颱風前、颱風中及颱風後所該做的事情。

壹、在這個活動中，學生將要：

一、進行繪本的聆聽及閱讀。

二、讓小朋友由溜溜球的實驗觀察出颱風的特性。

三、歸納出上課時所討論出的颱風形成原因和它的特性，並記錄下來，必要時能夠去找相關的資訊。

四、各組的小朋友將颱風的資料統整後，製成颱風小檔案的海報。

五、蒐集颱風相關的（新聞）報導。

貳、教學活動：

一、活動步驟

㈠用教材提示機來導讀繪本《魔法校車——穿越颱風》（文：Joanna Cole 著，游能悌、陳杏秋譯，出版社：遠流）。這是本生動鮮活的書，採用超乎想像的另類方法，由魔法老師駕駛魔法校車，帶領小朋友飛到颱風發源地，深入颱風內部，穿過風雨最強的「眼牆」，到達無風無雨的「颱風眼」。藉著這樣一趟刺激好玩的校外教學，來說明

颱風的結構。將難以說明的天氣現象，用充滿神奇科幻的方式表現，使學生易懂、易記、興趣高，相信一定能引起學生的興趣。

㈡老師或同學來示範在頭的四周旋轉溜溜球。問同學手中的繩子和溜溜球有何關係。例如：你轉得越快，拉力就會越……？

㈢給同學討論的時間。結論是溜溜球好像會拉離握在你手中的繩子，你轉得越快，拉力也就越大。

㈣講解其理由。造成的力是離心力，也就是物體在繞圈移動（圓周運動）時，把它向外拉的力量。

㈤將繪本的內容和溜溜球的實驗連結；相同的道理，颱風的風速增加時，會拉離中央。當風速夠快時，中央就會形成一個洞，這是完全成形颱風的特徵。

※以下為有關颱風的補充資料：

1. 颱風眼是一個無雲的洞，寬約十六公里，裡面無風無雨，十分的平靜祥和，但在颱風眼周圍的眼牆，是屬於暴風雨的地方，風速可達每小時二百四十公里，瞬間陣風更可高達每小時二百八十八公里。

2. 颱風所涵蓋的範圍可達九十六公里，從成型到結束的時間大約一星期，行經幾萬公里的陸地和海洋。

3. 颱風的形成：在熱帶的海面上，太陽的照射使得暖而溼的空氣上升，上升至一千八百公尺時就形成了颱風。此時水氣聚集，變成了雨水，釋放了熱能，迫使氣柱快速的上升（這是所謂的「上升氣流」），到了八萬公尺的高空，就成了高聳的雷暴雲。之後，暴風雨外的空氣就會移進來取代上升的空氣，然後因為地球的自轉而開始繞著上升氣流來轉。

4. 若颱風轉到了海上，就有機會吸收豐沛的水氣，使水氣拉進了上升的氣流之中。當水氣聚集得越多時，就能釋放出越多的能量。這時上升氣流也會上升得更快，從暴風邊緣拉進更多的空氣和水氣。因此颱風眼四周的空氣就轉得更快了。

5. 颱風在北半球旋轉的方向是逆時針，在南半球則是順時針。

6. 颱風（typhoon）是強熱帶性低氣壓，這個字是用在西太平洋和中

國海。在墨西哥灣被稱為颶風（hurricane），在印度被稱為氣旋（cyclone），在澳洲則被稱為畏來風（willy-willies）。

㈥把上課所學的內容和各小組一起找的資料加以統整，配合上美工，繪製成颱風小檔案的海報（也可以用 Power Point 的方式來呈現）。

㈦請學生討論並發表颱風前、颱風中及颱風後應做的事。

㈧發下學習單，請學生寫出颱風形成的原因和它的特性、蒐集一則和颱風相關的報導並寫出其大意、描寫出印象最深的颱風夜，並寫出五個和風雨相關的成語。

二、延伸活動

　　《綠野仙蹤》故事的開端是龍捲風，現在將它改成颱風，然後將整個故事大幅度的改寫。請各組學生發揮團體合作的精神，將故事內容製成「翻翻書」。

參、學生將學會：

學習目標	對應之九年一貫課程能力指標	
一、颱風的成因以及和颱風相關的名詞：熱帶性低氣壓、上升氣流、雷暴雲、溼空氣、眼牆、颱風眼、颶風、氣旋、畏來風……等。	自然 2-3-4-2	認識天氣圖上的高、低氣壓線、鋒面。觀察（資料蒐集）一個颱風的興衰。
	自然 2-3-4-4	知道生活環境中的大氣、大地與水，及它們彼此間的交互作用。
二、能將上課的內容加以整理並記錄，且能利用身旁的資源加以補充，並且能運用美編做成海報來呈現。	自然 1-3-4-1	能由一些不同來源的資料，整理出一個整體性的看法。
	自然 1-3-5-4	願意與同儕相互溝通，共享活動的樂趣。
	藝文 1-3-4	透過集體創作方式，完成與他人合作的藝術作品。
三、閱讀完一篇報導後，能找出其中的大意，同時記錄下來。	語文 E-3-4-1-1	能廣泛閱讀課外讀物及報刊雜誌，並養成比較閱讀的習慣。
	語文 E-3-7-10-4	能將閱讀內容，思考轉化為日常生活中解決問題的能力。
四、描寫出自己曾經發生過的經驗。	語文 F-3-1-1-1	能應用觀察的方法，並精確表達自己的見聞。
	語文 F-3-3-9-2	能根據實際需要，主動嘗試寫作不同類型的文章。
五、運用字典或辭典來找出同一主題的成語。	語文 E-3-6-8-2	能靈活應用各類工具書及電腦網路，蒐集資訊、組織材料，廣泛閱讀。

肆、小筆記：

伍、學習單：

狂風暴雨——颱風

> 　　颱風是熱帶性的低氣壓，多發生在夏、秋兩季，「颱風眼」是無風無雨、非常平靜的；而「眼牆」則正好相反，它是颱風的結構當中，風雨最大的地方。

1. 請蒐集一則颱風的路徑圖，並標示出「颱風眼」與「眼牆」：

2. 描寫出你印象最深刻的颱風，颱風前後各發生了什麼事。

   颱風前你做了什麼：颱風來時的情況：＿＿＿＿＿＿＿＿＿＿

   ＿＿＿＿＿＿＿＿＿＿＿＿＿＿＿＿＿＿＿＿＿＿＿＿＿＿

   颱風過後造成的影響及你的想法：＿＿＿＿＿＿＿＿＿＿＿

   ＿＿＿＿＿＿＿＿＿＿＿＿＿＿＿＿＿＿＿＿＿＿＿＿＿＿

3. 寫出五個和風雨有關的成語，再運用此五個成語寫出三百字左右的「颱風」報導。

陸、評量標準：

編號	工作	評量細目
	評量標準	
1	聆聽繪本《魔法校車——穿越颱風》	(1)了解和颱風有關的各種先備名詞：熱空氣、上升氣流、溼空氣和熱帶性低氣壓。 (2)對於颱風的形成有初步的認識。 (3)了解颱風的內部結構：眼牆、颱風眼。
2	觀察溜溜球的擺動和颱風向心力的關係	(1)溜溜球往外甩出的速度越快則向心力越強。 (2)離心力就是物體在繞圈移動時，把它向外拉的力量。 (3)颱風的風速增加時，會拉離中央而形成一個洞。
3	製作海報或簡報	(1)能將上課的教學內容記錄下來。 (2)同心協力尋找各式各樣的資料加以補充。 (3)美工和編輯的功力。
4	討論並發表颱風前、颱風中及颱風後應做的事（學習單）	(1)討論及發表並記錄颱風前你做了什麼。 (2)討論及發表並記錄颱風來時的情況。 (3)討論及發表並記錄颱風過後造成的影響及你的想法。
5	蒐集和颱風相關的報導	(1)蒐集颱風的相關報導。 (2)閱讀文章後能寫下其中的大意。
6	使用成語辭典找出和風雨有關的成語（學習單）	會使用字典或成語辭典找出和風雨有關的成語，並且了解其成語的意義。

柒、相關網站：

網站及網址	網站介紹
中央氣象局資訊服務網 http://www.cwb.gov.tw/V4/index.htm	提供颱風最即時的動態，除此之外，還有介紹歷史上發生的颱風的基本資料、颱風的專業查詢。
颱風漫遊 http://hktciw.uhome.net/	除了颱風的介紹以外，還有各類和颱風相關的氣象資訊，另外還有天象討論區供風友來交流。
氣象局颱風百問 http://www.dhjh.tp.edu.tw/thjs/typhoon/ty 100/typhon1.htm	當然沒有到一百個問題啦！不過你可以想像到的颱風相關問題，來這兒找準沒錯。
颱風來臨前的防範措施 http://www.yangmei.gov.tw/new/typhoon -0.htm	颱風來襲前，可利用「166」、「167」氣象錄音電話隨時收聽。

捌、我的評量表：

我的表現如何？						
	學生自評			老師回饋		
	我真是有夠讚	我的表現還不錯	我還需要再加油	你真是有夠讚	你的表現還不錯	再加油一點會更棒
我能夠						
1 我能認真參與各項活動。						
2 我能在活動中說出與寫出對颱風的感覺。						
3 我能在討論的過程中說出自己的想法。						
4 我能蒐集颱風的相關文章。						
5 我能找出和「風雨」相關的成語。						
我做到了						
1 我能與同組的小朋友一起完成學習單。						
2 我在活動中注意聽老師說的話。						
3 我在活動中遵守秩序並注意安全。						
我學會了						
1 我知道去哪裡找到有關颱風的資料。						
2 我學會颱風來臨前後的安全守則。						

◎老師想對你說的話：

玖、延伸閱讀：

書名	類別	作者	繪者	出版社	內容介紹
我們的地球	百科	Steve Parker、Nicholas Harris 等		閣林	在「風暴」的單元中簡略提到了颱風的形成。
NHK 地球大紀行 6	百科	黃也白		黃成	在第二章的「天空之旅」中，提到颱風的故鄉、颱風扮演的角色、衝進颱風眼的「颱風獵者」。

幻想之旅

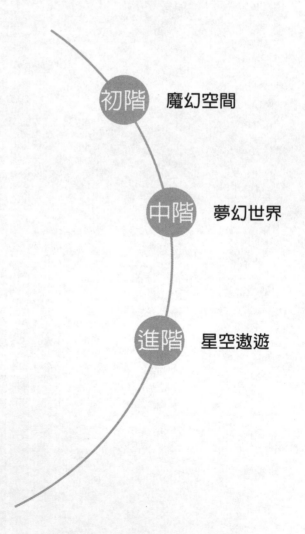

初階　魔幻空間

中階　夢幻世界

進階　星空遨遊

幻想之旅

魔幻空間

何鎔靜

> 懼怕黑暗，是每個小朋友共同的行為模式，究其原因，不離自己心中所幻想而產生的妖魔鬼怪。孩子的幻想空間可說是無遠弗屆，想像力之豐富也是大人們所望塵莫及的，所以教師藉由孩子的想像空間，讓孩子想像心目中妖怪的樣子，以激發孩子的想像力，並讓孩子探索與創作，共同聆聽，發展閱讀、聆聽與寫作的能力，使其加以澄清而不再畏懼。

壹、在這個活動中，學生將要：

一、能探索自己，發現心中令自己害怕的妖怪模樣，並將其畫下來。

二、能夠與同學分享自己心中的「妖怪臉」。

三、由教師導讀，共同聆聽《帕拉帕拉山的妖怪》（文：賴馬，出版社：和英）。

四、能夠加以認清事實，不再畏懼害怕無形的妖怪。

五、能夠設計畫出「翻翻書」，並利用簡短的文字敘述，來練習形容詞的使用。

貳、教學活動：

一、活動步驟

　　㈠引起動機：帶動唱「虎姑婆」，藉由簡單的歌曲及趣味的動作，引發學生進入想像妖怪世界的空間。

㈡影片欣賞：觀賞動畫「怪獸電力公司」的片段，讓學生走進魔幻空間的世界。

㈢挑戰「恐怖箱」：教師在箱子中放入物品，請學生用手摸摸看，並猜出所摸到的物品（教師可以在箱內放置類似海參、刷子……等物品，並故意混淆視聽，刻意製造恐怖的效果）。

㈣「鬼臉王大賽」：發給每位小朋友一顆大氣球及一枝奇異筆，請學生將自己心目中的「妖怪臉」畫在氣球上。

㈤請學生帶著自己的「妖怪臉氣球」上台，發表讓自己害怕的妖怪模樣。

㈥教師導讀《帕拉帕拉山的妖怪》故事，並運用豐富的肢體動作與表情、富變化的聲調以及與學生間的互動，來吸引學生的注意。

㈦故事結束後，教師利用延伸的問題，請小朋友完成學習單，並進行發表。例如：妖怪為什麼令你覺得可怕？你認為妖怪會做出什麼樣的壞事呢？

㈧聽完故事，教師必須引導學生了解——很多時候我們心中躲藏的「妖怪」，只是因為我們害怕，自己嚇自己所產生的，因此，讓我們共同來打敗我們心中的妖怪——師生協力打破大家的「妖怪臉氣球」，讓大家心中的妖怪消失無蹤。

二、延伸活動

製作「原來如此翻翻書」——教師發給學生每人一張長條紙，請學生將長條紙均分成三等分，將其中的三分之一向內摺。請學生在未展開的長條紙上，畫出一幅自己設計的圖案（請注意，必須向學生強調，在跨頁的同時，必須要有一個連貫的物品）。然後，請學生將長條紙展開後，依據剛剛跨頁連貫的物品，再延伸畫出另有一番風味的畫作。之後再請學生加上簡短的文字敘述（例如：好可怕的一條大蛇 V. S.哇！原來只是一條長長的水管），讓學生練習形容詞的使用。（教師可以引導學生，在長條紙未展開時，畫出一幅令自己感到害怕或恐懼的情節，長條紙展開後，畫出不一樣的感覺，讓人有股「原來如此」之感。）

✎範例：在長條紙未展開時，左邊畫了一個人手上拿著一條長長的東西，長長的東西就成了跨頁的連貫物，連貫到右邊畫了一隻擁有毒牙、齜牙咧嘴的大蟒蛇（即表示在未展開前，這個人手上抓著大蟒蛇）。而後展開長條，畫出的作品卻是一個人拿著水管正在澆花。藉此，讓學生們打破自己心中原有的恐懼，以不同的角度來看待事物。

小朋友的翻翻書完成後，教師可以將全班同學的翻翻書集結成冊，製作成一本班級的「創作繪本」。

參、學生將學會：

學習目標	對應之九年一貫課程能力指標	
一、能盡情的探索自己的內心世界，激發探索與想像的空間。	語文 E-1-3-1-1	能培養閱讀的興趣，並培養良好的習慣和態度。
	健體 5-1-2	描述自己身心的變化與成長。
二、能聆聽他人心目中的妖怪模樣，並願意與他人共同分享自己內心想像的妖怪模樣。	語文 B-1-1-9-8	能主動參與溝通，聆聽對方的說明。
	語文 B-1-2-4-1	能愉快的與人溝通。
	語文 B-1-2-4-3	能聽出別人所表達的意思，達成溝通的目的。
	語文 C-1-1-3-8	能清楚說出自己的意思。
三、能閱讀相關的書籍，打破心中的恐懼	語文 E-1-4-2-2	能和別人分享閱讀的心得。

肆、小筆記：

伍、學習單：

我要來抓你啦！

許多人的心中常常都藏有一個「妖怪」，請你想一想，你的心中是不是也一直藏著一個令你感到害怕的「妖怪」呢？

1.說說看，你心目中的「妖怪」長什麼樣子呢？

2.為什麼大家都會覺得妖怪很可怕呢？

3.如果你真的遇到「妖怪」了，你該怎麼保護自己呢？

4.聽完了這個故事後，我們才知道，原來我們心中躲藏的「妖怪」，只是因為我們害怕，自己嚇自己所產生的，那你覺得我們還需要常常感到害怕嗎？

小朋友，請你畫出你心中的「妖怪模樣」：

陸、評量標準：

評量標準		
編號	工作	評量細目
1	帶動唱	在「帶動唱」的活動中，配合著音樂與歌詞，隨著老師做律動。
2	欣賞影片	能專心欣賞影片，並能表達自己的感受。
3	分享令自己心中所害怕的妖怪模樣	能清楚表達自己心中所害怕的妖怪模樣，並能將心中想像的妖怪臉大略畫出，同時也能專心聆聽他人的敘說。
4	聆聽繪本導讀	能專心聆聽繪本導讀，並融入故事情節中。
5	完成學習單	能根據繪本導讀活動，填寫相關學習單。
6	能夠找出自己心中害怕的真正原因	能夠找出真正令自己害怕的原因，了解原因後不再畏懼無形的恐懼。

柒、相關網站：

網站及網址	網站介紹
恐龍世紀——首部曲 http://earth.fg.tp.edu.tw/learn/dino/indexm.htm	許多小朋友看電影、電視介紹恐龍時，都會對這些張牙舞爪的巨大生物感到恐懼。本網站介紹了許多種類的恐龍，也依照出現的年代將其分類，為其揭開許多神祕的面紗，讓小朋友參觀完此網站後，不會再對恐龍感到恐懼與害怕。
台北動物園全球資訊網 http://www.zoo.gov.tw/index_vonedu.htm	大家都曉得，木柵動物園內有許多的動物，但是你知道裡面有一個「夜行性動物館」嗎？夜行性動物館內介紹了許多夜晚才會出沒的動物，讓學生們熟悉並了解這些動物的特性，對於夜晚不再感到恐懼。

捌、我的表現（評量表）：

我的表現如何？	學生自評			老師回饋		
	我真是有夠讚	我的表現還不錯	我還需要再加油	你真是有夠讚	你的表現還不錯	再加油一點會更棒
我能夠						
1 我能放下恐懼感，按照老師的指示完成活動。						
2 我能配合音樂，完成帶動唱的律動。						
3 我能找出並畫出自己心中所害怕的妖怪模樣。						
4 我能用心回答學習單的問題。						
5 我能專心聆聽他人的意見發表。						
我做到了						
1 我會跟著老師一起唱「虎姑婆」並做出動作。						
2 我能畫出我心中害怕的怪物模樣。						
3 我能完成「我要來抓你啦！」學習單。						
4 我可以克服心中的恐懼。						
我學會了						
1 我學到與他人分享的許多經驗。						
2 我能將內心的害怕用文字描述出來。						
3 我知道如何克服自己心中的害怕。						

◎老師想對你說的話：

玖、延伸閱讀：

書名	類別	作者	繪者	出版社	內容介紹
我要來抓你啦！	繪本	湯尼・羅斯	湯尼・羅斯	格林	一隻餓得要命的怪獸，把自己星球上所有的東西全部吃光光，還坐上太空船，在太空中到處找食物。牠隨著太空船來到地球，遇到小男孩阿湯，怪獸打算要吃掉他。本書的內容驚奇有趣，直到了最後一頁，才有意想不到的結局。
妖怪的床	繪本	珍妮・威利斯	蘇珊・巴蕾	經典傳訊	身為妖怪的丹尼斯非常害怕「人類」，雖然媽媽告訴他：「人類只是我們的幻想。」但丹尼斯還是很害怕，他以為睡在床底下，人類就找不到他了！一位迷路的男孩，誤進了丹尼斯的房間，他想在睡前檢查床底下有沒有怪物，結果他看到了丹尼斯，兩個都嚇得趕緊跑掉。
小野獸	繪本	昆丁布萊	昆丁布萊	格林	喬治和貝拉有天收到一個神祕包裹，居然是個可愛的小嬰兒，後來小嬰兒開始變化成其他的動物，一下子變成禿鷹，一下子又是大象，喬治和貝拉簡直快要瘋掉了。就在煩惱得不知所措的時候，他卻變成了他們意想不到的東西。
小熊乖乖睡	繪本	布赫茲	布赫茲	格林	當月亮高掛夜空時，一個小小的身影溜下床，沿著樓梯爬到窗邊，明亮的眼睛，專注的看著玻璃外寧靜的夜晚，漆黑的夜裡藏著什麼好玩的東西嗎？牠究竟在看些什麼呢？這本書藉由小熊來影射孩子的心情和行為，睡不著的小熊其實就是暗指睡不著的孩子。
我會不會碰到怪物？	繪本	Ha-Sup Chung	Ae-Kyung Na	啟思	天黑了，小兔寶寶玩耍完要回家了，但牠在回家的路上會不遇到怪物呢？牠預想可能會碰到圓錐怪物、蛋蛋怪物、氣球怪物、大水怪物……等，但牠也慢慢想到了對付這些怪物們的好方法。最後，媽媽來了，小兔終於可以安心的跟著媽媽回家，不再害怕了。
古怪動物國	繪本	Eun-Mi Huh	Dong-Hee Chung	啟思	古怪國真古怪，所有的動物、植物都是我們沒看過的，例如：烏龜和紅鶴結合成龜鶴，蜻蜓和蝸牛結合成蜻牛。不過牠們有個共通點，就是翅膀不見了，大家一起去尋找翅膀，歷盡千辛萬苦，眾人發揮所長，終於在一座城堡的天花板上找到屬於牠們的翅膀了。

書名	類別	作者	繪者	出版社	內容介紹
神奇馬戲團	繪本	查莉絲紐伯	羅伯英潘	格林	令人膽戰心驚的萬聖節夜晚，幽靈、白骨、巫婆與怪物都齊聚在墳場上，準備要大展身手，盡情玩樂……想瞧一瞧嗎？歡迎蒞臨神奇馬戲團！作者發揮天馬行空的想像力，創造出一場幽暗怪異卻又熱鬧喧嘩的萬聖節盛宴。故事進行中有不同的變化，處處都充滿驚喜！
辛巴達	小說	不詳	艾蜜莉	台灣麥克	主角辛巴達七次的海上探險經歷了：巨鳥的蛋、鑽石蠱、獨眼會吃人的巨人、堆滿象牙的大象墳場……等，充滿想像的故事情節，深深的吸引著大人與小孩的心。
爸爸怪獸，怪獸爸爸	小說	彭懿	蔡繼裕	小魯	水孩的爸爸在去年水孩生日的那一天，因公殉職了。這一年來水孩總是覺得很寂寞，他很想念他的爸爸。有一天，水孩發現家裡的浴缸出現了一頭怪獸，在一連串與怪獸相處的過程中，水孩發現，怪獸居然有好多的行為，與他的爸爸一樣耶！讓他不禁懷疑他的爸爸變成怪獸了嗎？
我家的怪物真可愛	繪本	戴爾飛	戴爾飛	格林	一個看起來沒什麼特別新奇的家，竟然有數不清的小怪物。作者就像玩拼圖遊戲般，將各式的包裝紙，色彩豐富的各種「怪物」，及大小不同的字體拼貼在一起，顛覆文字和圖畫的界線，充滿想像空間。
紅衣魔鬼來趕集	繪本	果戈理	史比倫	格林	有個可怕的魔鬼在每次趕集時會惡作劇的抓走來往的商人和農夫。到底這個傳說是真是假？繪者用古典精緻的畫風詮釋這個傳說故事，用心經營的畫面又隱藏了許多小細節讓讀者優游其間，彷彿置身於一個中世紀的魔幻國度。
夜光小毛怪	繪本	安妮・英格	海蒂・芭妲屈	澄運	經由夜光效果所出現的「小毛怪」來引發兒童的想像空間，並藉此教導兒童如何與陌生的朋友打交道，學習培養良好的人際關係。
罐頭裡的小孩	小說	克莉絲汀・內斯特林格		新苗	與丈夫分開多年的巴爾太太收到一個巨大罐頭包裹，她將罐頭打開，卻發現裡面居然裝了一位「罐頭小孩」，她原以為是自己不知道何時由郵購中訂購了這個小孩，於是，從未帶過小孩的她，開始學習著如何教養一個孩子。

【中階】 幻想之旅

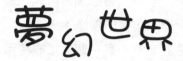

何鎔靜

孩子們從出生來到這神奇的世界，便展開他們的奇幻之旅，也因此開啟了無遠弗屆的幻想空間。然而，天馬行空的幻想世界無限的寬廣，往往是造就孩子創造與學習能力的來源。在富教育性、知識性與趣味性的教學中，最能引起孩子的注意與興趣，潛移默化、導引並拓展孩子們的知識。讓我們乘著神奇列車來一趟幻想之旅吧！

壹、在這個活動中，學生將要：

一、畫出自己夢想中的王國。

二、與同學分享自己所設計的夢幻王國。

三、與小組同學同心協力完成夢想王國的繪本創作。

貳、教學活動：

一、活動步驟

㈠引起動機：觀看【阿羅有枝彩色筆】影片，跟著主角阿羅，共同展開一趟精采萬分的夢幻旅程。

㈡完成「畫出夢想，寫出希望」學習單。如果今天擁有一台時光機，能前往未來，請學生試著將自己的「夢想王國」畫下來。

㈢將學生「夢想王國」的圖畫貼在黑板上，請學生上台與同學們分享自己夢想王國的藍圖。

㈣創作繪本：全班分若干小組，約五至六人一組，每一小組共同討論並設計出大家夢想中的王國，幫它描繪面貌、設計藍圖、人物、故事情節、制定法律……等，內容必須包含人、事、時、地、物，串連成一個小故事，進行繪本小書的創作。

※範例：在遙遠的北方，有一個國家很特別，它所有的建築物都是用玻璃打造而成的，宛如一座座的水晶皇宮，燦爛無比。有一天……。

二、延伸活動

學生的創造、幻想空間無限，其所規畫的藍圖必定無遠弗屆、精采萬分，教師若能適時的引導學生，既然在真實的世界中，我們所夢想的王國是不存在、也不可能實現的，那我們何不把握現在，創造未來！教師帶領著學生，共同設計、規畫自己的人生，設計一份「人生計畫表」（我的志願）。

參、學生將學會：

學習目標	對應之九年一貫課程能力指標	
一、能盡情的發揮自己的想像空間。	語文 E-2-2-1-1	能養成主動閱讀課外讀物的習慣。
	語文 E-2-4-7-4	能將閱讀材料與實際生活情境相聯結。
二、能專心聆聽他人的創作，並願意與同學分享自己的設計。	語文 B-2-1-5-2	能讓對方充分表達意見。
	語文 B-2-2-7-8	能簡要歸納聆聽的內容。
	藝文 2-2-7	相互欣賞同儕間視覺、聽覺、動覺的藝術作品，並能描述個人感受及對他人創作的見解。
三、能以合作的方式進行繪本小書的創作	語文 F-2-4-4-2	能配合閱讀教學，練習撰寫摘要、札記及讀書卡片等。
	語文 F-2-6-7-1	練習利用不同的途徑和方式，蒐集各類可供寫作的材料，並練習選擇材料，進行寫作。
	藝文 1-2-5	嘗試與同學分工、規劃、合作，從事藝術創作活動。

肆、小筆記：

伍、學習單：

畫出夢想，寫出希望

看完【阿羅有枝彩色筆】……如果你有一枝仙女棒，你想變出什麼樣子的未來？如果你有一枝彩色筆，你會畫出怎麼樣的世界？

請發揮想像力，在下方畫出你的夢想，寫出你的希望。

機會是給做好準備的人

未來是給敢追夢想的人

陸、評量標準：

評量標準		
編號	工作	評量細目
1	欣賞影片	能專心欣賞影片，並融入影片的情節中。
2	完成學習單	能用文字或圖畫，並發揮想像力，將心中的夢想王國寫（畫）下來。文字敘述簡單明瞭、文筆流暢、真誠流露。圖畫畫面整齊清晰，一目了然。
3	分享自己的夢想王國	能語意清楚描繪出自己的夢想王國，同時也能專心聆聽他人的敘說。
4	創作繪本	能發揮小組合作的精神，共同創作。
5	設計人生計畫表	能用文字或圖畫，寫（畫）下自己未來的人生計畫。文字敘述簡單明瞭、文筆流暢、真誠流露。

柒、相關網站：

網站及網址	網站介紹
穿越時空而來的童話夢想家——格林兄弟 http://www.ylib.com/author/grimm/index.htm	介紹格林童話，包括傳家經典、大事紀及格林兄弟會……等內容，並有各國童話故事網站介紹。
網路上第一本中文童話故事書——小花歷險記 http://vm.nthu.edu.tw/np/vc/theme/shiohua/	《小花歷險記》是描述一隻花身雞魚的故事，文中對於相關的事物做其他網站的連結，延伸知識範疇，是一篇老少咸宜的故事。

捌、我的表現（評量表）：

我的表現如何？						
		學生自評			老師回饋	
	我真是有夠讚	我的表現還不錯	我還需要再加油	你真是有夠讚	你的表現還不錯	再加油一點會更棒
我能夠						
1 我能按照老師的指示完成活動。						
2 我能專心觀看影片。						
3 我能將心中的夢想畫下來。						
4 我能與同學分享心中的夢想。						
5 我能專心聆聽他人的意見發表。						
6 我能與同學共同討論合作。						
我做到了						
1 我完成了「畫出夢想，寫出希望」的學習單。						
2 我能上台報告自己心中的夢想。						
3 我能與同學共同合作創作繪本。						
4 我能設計自己的人生計畫。						
我學會了						
1 我知道自己的夢想是什麼。						
2 我知道為什麼要學習這個主題。						
3 我學到與他人分享的許多經驗。						
4 我發現了與主題相關的有趣事件，同時讀了圖書。						
5 我知道如何寫自己的「人生計畫」。						

◎老師想對你說的話：

玖、延伸閱讀：

書名	類別	作者	繪者	出版社	內容介紹
夢幻大飛行	繪本（無字書）	大衛・威斯納	大衛・威斯納	遠流	小男孩作了一個夢，夢見他飛進城堡，飛入樹林……發現許多神奇新鮮的事物，內容充滿許多的刺激與冒險。本書沒有文字描述，只有純粹的圖畫，讓讀者自己沉浸在想像的世界之中，創造一個屬於自己的故事。
廚房之夜狂想曲	繪本	莫里斯桑達克	莫里斯桑達克	格林	黑夜是小朋友最害怕的，但是作者卻把黑夜描寫成充滿歡笑與冒險奇遇的快樂時光。他的想像力驚人，像是牛奶瓶可以變成紐約的摩天大樓。從這本書中，我們像是進入一個奇想的夢境，與主角人物小米奇一起在麵包飛機上翱翔。
神奇變身水	繪本	傑克・肯特	傑克・肯特	上誼	小老鼠不想再當老鼠，剛巧巫師手中有一瓶掉了標籤的變身水，他便把它送給小老鼠。小老鼠得到變身水後，不斷的幻想自己會變成什麼動物，而變成那些動物後又會有哪些後果？最後，小老鼠還是決定當自己最好、最快樂，於是牠把變身水又還給了巫師。
雪人	繪本（無字書）	雷蒙布力格	雷蒙布力格	上誼	小男孩在耶誕前夕做了一個雪人，他半夜醒來時，竟然發現雪人會動耶！他好開心，趁爸爸和媽媽睡覺時，和雪人一起偷溜出去玩，翱翔在天際，甚至去雪人之國！隔天醒來後，原以為這只是一個夢而已，但口袋裡卻有雪人送給他的小領巾，這一切究竟是夢境還是真實的呢？
娃娃國王變變變	繪本	巴貝柯爾	巴貝柯爾	格林	變變王子的父母根本就不會治理國家，他們拿人民的錢去辦舞會、買衣服，連有壞人要炸掉王宮、巨人踢倒城堡、恐龍抓走婦女、大肥蟲亂咬農作物，他們都不在乎。變變王子很擔心，他用手摩擦馬桶，結果馬桶裡跑出了一個尿布小精靈，他會如何幫助變變王子改善國家的困境呢？
野獸國	繪本	莫里斯桑達克	莫里斯桑達克	漢聲	主角阿奇在家裡到處搗亂，把家裡弄得亂七八糟，媽媽生氣的罵他：「你這個小野獸！」並處罰阿奇回房間睡覺。晚上，阿奇的房裡長出樹來，變成了野獸國，而阿奇變成了野獸大王。不過隨著情緒的轉變，阿奇又慢慢找回平靜的自己，而媽媽烹煮的香噴噴食物也把他拉回到真實的世界中。

書名	類別	作者	繪者	出版社	內容介紹
七號夢工廠	繪本（無字書）	大衛·威斯納	大衛·威斯納	格林	小男孩搭乘電梯來到帝國大廈的頂樓，遇到了一朵頑皮的雲，這朵雲帶著他來一段如幻似真的旅行。本書沒有文字描述，只有純粹的圖畫，讓讀者自己沉浸在想像的世界之中，創造一個屬於自己的故事。
瘋狂星期二	繪本（無字書）	大衛·威斯納	大衛·威斯納	格林	星期二晚上快八點的時候，一群青蛙乘著荷葉飛了起來，牠們飛過了草原，飛過村莊，使得平日寧靜的小鎮「瘋狂」了起來。本書沒有文字描述，只有純粹的圖畫，讓讀者自己沉浸在想像的世界之中，創造一個屬於自己的故事。
綠野仙蹤	繪本	莎琳娜·瑞里秋		大千	呼！一陣龍捲風把桃樂絲和多多捲進一個神奇夢幻的國度，桃樂絲一心只想回家，可是回家的路在哪裡？這裡又是什麼地方？桃樂絲在奇妙的一段經歷後，找到回家的路。過程中她結識了鐵皮人、稻草人、獅子，一同經歷一連串驚險的事件，也建立了一段真誠的友誼。
如果樹會說話	繪本	郝廣才	卡門凡佐兒	格林	一個男孩想：「樹為什麼不說話？如果樹會說話，它會說什麼？」做豎琴的老人教小男孩做豎琴並四處演奏，用琴來說人們想聽的話，安慰人們的心。樹和人、人和大自然之間有著微妙的關係，互相牽引著，多少的感動盡在不言中。

【進階】　　　　　　　　　　　　　　　　　　　　　　　幻想之旅

星空遨遊

何鎔靜

　　浩瀚無垠的星河中，最美麗的一顆星，也就是我們住的藍色星球——地球，但在這美麗星球外的世界就不得而知了，人們因此創造了無數的神話故事。這些神話不外乎包含了親情、友情及淒美的愛情故事……等，而神話的創造需要有豐富的想像力與創造力，藉由神話故事的蒐集與改編創作，可讓學生了解並發揮無邊的想像力；藉由小組的討論與創造，更能體會合作之精神，並尊重他人的想法，以滿足完成作品的成就感。教師藉由神話故事導引學生認識太陽系及九大行星，配合領域多元化的發展，充實學生的認知。

壹、在這個活動中，學生將要：

一、能透過蒐集資料的方式，蒐集與星座相關的故事及圖片，並與同學共同分享。

二、能夠發揮創造力進行自創星座並與同學分享自己的設計。

三、能夠與小組同學同心協力編排劇本、設計佈景，完成話劇表演。

貳、教學活動：

一、活動步驟

　　㈠引起動機：團體遊戲——「我的太陽家族」

　　　1. 配合課程及學生的先備經驗，教師複習太陽系九大行星的主要特徵，及其距離太陽的遠近順序。

　　　2. 教師在黑板上繪製太陽系行星的軌道，將「行星名稱」、「主要特

徵」做成字卡，將字卡放入紙箱中讓學生分組輪流上台抽題，學生抽到字卡後，必須將其貼在正確的位置上。

※附錄：下表列出太陽系中的九大行星，依照距離太陽位置由近至遠排列，並列出其主要特徵。

編號	行星	主　要　特　徵
1	水星	距離太陽最近，表面凹凸不平，沒有空氣和水，也是質量最輕的行星。水星的公轉週期是八十八天，是所有行星中公轉最快的。
2	金星	與地球大小相近，是最靠近地球的行星，表面溫度是所有行星中最高的。
3	地球	是太陽系中目前所知唯一有生命存在的星球，公轉一天是三百六十五天（一年），自轉一圈是二十四小時（一天）。
4	火星	常被稱為「紅色的行星」，因為其表面覆蓋著紅色的沙漠。溫度低（不像地球有大氣層保護），日夜溫差大。
5	木星	有個著名的大紅斑，是太陽系中最大的行星，也是最重的行星，其星體大部分是由氣體所組成（固體物質很少）。
6	土星	帶有美麗的環，是密度最小的行星，與木星一樣，大部分是由氣體組成的（固體物質很少）。
7	天王星	躺著運轉的星球，因為其自轉軸的方向和公轉軌道面幾乎重疊，溫度很低（約零下一百五十度）。
8	海王星	表面有一個大黑斑，溫度很低（約零下一百八十度）。
9	冥王星	在太陽系中距離太陽最遠，也是所有行星中公轉最慢的。是最小的行星，也是溫度最低的行星。

㈡由太陽系切入浩瀚的宇宙當中，說明宇宙中除了太陽、行星之外，尚有其他的星體。之後請學生透過蒐集資料的方式，蒐集與星座相關的故事及圖片，並摘取重點，以自己的話將故事說出來與同學分享。

㈢完成「一閃一閃亮晶晶」學習單。請學生自行創作一個星座，為它設計圖案、命名，並發揮想像力為它編寫一個星座故事。

㈣將學生所設計的「自創星座」貼在黑板上，請學生上台與同學們分享自己的創意。

㈤以組為單位，小組共同討論，選定一個自創星座的故事，豐富其內容

　　　　並增加一些角色、對話、佈景……等，進行話劇表演。

　　㈥影片欣賞：觀賞星座、太陽系……等相關的天文教育影片。

二、延伸活動

　　㈠教師可以用《小王子》（文：安東尼‧聖艾修柏里，出版社：華威）
　　　的故事，請學生發揮豐富的想像力，說說小王子可能到了什麼樣的星
　　　球？會遇見什麼人？發生什麼樣的故事呢？

　　㈡學生可以自行設計屬於自己的「太陽家族」。

參、學生將學會：

學習目標	對應之九年一貫課程能力指標	
一、能利用資料蒐集的方式，提升閱讀能力。	語文 E-2-2-1-1	能養成主動閱讀課外讀物的習慣。
	語文 E-2-5-9-3	能用心精讀，記取細節，深究內容，開展思路。
	語文 E-2-6-3-2	能熟練利用工具書，養成自我解決問題的能力。
二、能專心聆聽他人的創作，並願意與同學分享自己的設計。	語文 B-2-2-10-11	能正確記取聆聽內容的細節與要點。
	語文 B-2-3-3-1	能聽出他人優美的表達技巧。
	語文 C-2-4-10-4	能與人討論問題，提出解決問題的方法。
三、能發揮團結合作的精神，完成話劇表演。	語文 C-2-3-7-7	說話用詞正確，語意清晰，內容具體，主題明確。
	藝文 1-3-4	透過集體創作方式，完成與他人合作的藝術作品。

肆、小筆記：

伍、學習單：

一閃一閃亮晶晶

　　小朋友，在聽完了這麼多的星座故事之後，你會不會也想要擁一個屬於自己獨一無二的「星座」呢？讓我們一同來動動腦，自己創作一個星座，並為它設計圖案、取個名字，也發揮你的想像力為它編寫一個星座故事喔！

我的星座名稱：_____

我的星座故事：

陸、評量標準：

評量標準		
編號	工作	評量細目
1	團體遊戲	能配合舊經驗，熟悉太陽系的九大行星及其主要特徵。
2	主動閱讀文章	閱讀書報雜誌，找到一篇與「星座」相關的報導，並能摘取重點，以自己的話語，將故事說出來與同學分享。
3	畫出自己創作的星座圖案	能清楚畫出自己的創意星座，並能編寫一個星座故事。
4	分享自己的星座故事	能語意清楚的表達自己的星座故事內容，以及心中的感覺，同時也能專心聆聽他人的敘說。
5	互相合作設計劇本，完成話劇演出	能表現互相合作的態度，並能清楚的表達所要呈現的故事內容，同時能專心欣賞別人的演出並給予回饋。

柒、相關網站：

網站及網址	網站介紹
台北市立天文科學教育館 http://www.tam.gov.tw/	介紹台北市立天文科學館內的各項設施，也提供最新天文資訊及諮詢、出版相關刊物、協助學校推展天文教育及解說導覽。
我們的太陽系 http://www.nstm.gov.tw/~air/chinese/solar/	介紹太陽系的形成及九大行星、月球等，主網站──「航向太空世界」則介紹太空的發展等相關訊息。
TAS 台灣天文網 http://www.tas.idv.tw/	提供最新天文動態，介紹各種天文學，包括天象預報、天文觀測、星雲、新聞等。
觀星天文網 http://viewstar.idv.tw/	介紹最新天文資訊、太陽系、九大行星、星系星雲、星星的一生、星空的認識等。
黃祈雄的宇宙天文篇 http://www.moeaidb.gov.tw/~bill/astro/astro.htm	提供天文快報、星座、流星雨、銀河系、太陽系……並有天文攝影、圖片、動畫、天文奇觀等。
陳立群的天文網站 http://home.dcilab.hinet.net/lcchen/511qch01.htm	介紹日食和月食、流星雨，提供天文軟體下載、天文活動、天文儀器及天象預報等。
兒童天文網站──宇宙和太空 http://www.geocities.com/space_science/index.html	提供最新天文消息及新聞，介紹太陽系、月球探祕、星座神話等。
星座故事 http://ec.ccps.tp.edu.tw/~jinhui/astro/toparent.html	介紹四季星座及十二星座故事，還有美麗的星座圖片、希臘神話故事。
星座的故事 http://niu.edu.tw/~v9020002/yakerwebstudio/star/	介紹四季星座故事、星星的基本概念。例如：星星的顏色、等級、由來、星團等；還有星座幸運石、花語、象徵植物、性格。

捌、我的表現（評量表）：

我的表現如何？						
	學生自評			老師回饋		
	我真是有夠讚	我的表現還不錯	我還需要再加油	你真是有夠讚	你的表現還不錯	再加油一點會更棒
我能夠						
1 我能按照老師指示完成活動。						
2 我能找到和「星座」相關的文章，並專心的閱讀。						
3 我能將找到的資料用心整理。						
4 我能用心的完成學習單。						
5 我能專心聆聽他人的意見發表。						
6 我能與同學合作完成話劇表演。						
我做到了						
1 我能列出所閱讀文章的主要意思。						
2 我設計出一個「星座圖案」。						
3 我完成了「星座故事創作」的學習單。						
4 我能寫下一則星座故事。						
我學會了						
1 我知道去哪裡找到有關的資料。						
2 我知道為什麼要學習這個主題。						
3 我學會如何發揮創意完成「星座故事」。						
4 我發現了與主題相關的有趣事件或新聞。						
5 我學到與他人分享的許多經驗。						

◎老師想對你說的話：

_____

_____

_____

玖、延伸閱讀：

書名	類別	作者	繪者	出版社	內容介紹
挪亞博士的太空船	繪本	布萊安‧懷爾德史密斯	布萊安‧懷爾德史密斯	台英	動物們居住的森林遭到人類的破壞，於是，動物們決定乘著挪亞博士的太空船，去尋找新的星球。途中，太空船發生故障，動物們開始想家。經過了四十個白天和四十個晚上，他們終於來到一個新的星球。這個地方真的適合他們居住嗎？
月亮先生	繪本	湯米‧溫格爾	湯米‧溫格爾	格林	月亮先生每天在夜空中看著地球上的人們唱歌跳舞，他很羨慕，於是他下定決心到地球一遊，希望能夠和大家一起跳舞歡樂，沒想到他卻受到地球人冷漠的對待。坐在黑暗的監獄中，月亮先生好難過，好難過……。
太空小子	繪本	Soon Chung	Ji-Hyo Kim	啟思	皮皮蛋的奶奶生了重病，媽媽要皮皮蛋趕快結束太空旅程，回家探望奶奶。由於事情緊急，皮皮蛋趕快走過太陽、跑過星河、越過山頂，順著月亮往下溜，終於回到了皮皮蛋星球探望奶奶了。
月亮地球太陽	繪本	艾斯卡拉	卡門凡佐兒	格林	有一天，地球悲傷的對月亮說他好孤單！月亮聽了忍不住掉下眼淚，不知如何安慰他。這時太陽來了，他看看月亮和地球，想了很久。他想出一個好法子，太陽和月亮慢慢靠近地球並親親他，地球露出了笑臉。月亮、地球和星星快樂的在跳舞，許多星星也圍過來看他們跳舞，從此地球、月亮和太陽在一起，永遠不分開。
童話中國——二郎	繪本	莊展鵬	奚阿興	遠流	傳說中，天上有個光明宮，宮中住著十二個太陽。有一天，十二個太陽一起偷出宮，造成人間的大災難。所以，看守光明宮的巨人二郎，決心挑著巨山，鎮壓太陽。
星座的故事	童書	顏炳耀主編		上人	很多小朋友對於星座的神祕充滿了幻想與神往，本書是依據星座的種種特性改編而成的故事，充滿神話、冒險刺激等。
小王子	小說	安東尼‧聖艾修伯里		華威	一位住在外星球的小王子，因為和他的花鬧彆扭，於是出來四處遊歷，過程中發生了許多有趣的故事。主角是一位俊秀、聰明的小王子，到過好幾個星球遇見不同的人，包括：獨裁的國王、酒鬼、忙碌的商人……最後，他來到了地球，認識了蛇、狐狸、還有「我」。

書名	類別	作者	繪者	出版社	內容介紹
童話中國——龍牙變星星	繪本	阿興	莊展鵬	遠流	傳說有一天，吐火的紅龍和吐煙的黑龍在爭吵，結果將上天燒破了一個洞，強烈的紫外線讓人們不禁憂慮這樣的生活環境，只好躲在山洞裡，幸好最後勇敢的阿山向三位掌管綠地、清水和新鮮空氣的姑娘，尋求補天、恢復環境的方法，利用白布以及龍牙將天上的破洞補滿，因此我們現在看到的天空，晚上會有星星出現，其實就是龍牙所變成的。
四季的星座	夜光書	克林特·哈奇德	史蒂芬·馬奇西	澄運	本書透過夜光效果來呈現並介紹四季星空的主要星座，透過本書的輔助，兒童很容易和實際的星空相互對照，對於夜晚在戶外找尋星座將更加的方便。

國家圖書館出版品預行編目資料

語文一把罩：九年一貫語文領域創意教學活動設計／萬榮輝等
　著；吳淑玲策畫主編.--初版.--臺北市：心理, 2005（民 94）
　　冊；　公分.--（一般教育；103）

　　ISBN 957-702-753-9（第 1 冊：平裝）
　　ISBN 957-702-754-7（第 2 冊：平裝）

　　1.中國語言─教學法　　2.九年一貫課程─教學法

523.31　　　　　　　　　　　　　　　　　　93022846

一般教育 103　**語文一把罩：**
九年一貫語文領域創意教學活動設計【第二冊】

策畫主編：吳淑玲
作　　者：萬榮輝等
執行編輯：陳文玲
總 編 輯：林敬堯
發 行 人：邱維城
出 版 者：心理出版社股份有限公司
社　　址：台北市和平東路一段 180 號 7 樓
總　　機：(02) 23671490　　傳　　真：(02) 23671457
郵　　撥：19293172　心理出版社股份有限公司
電子信箱：psychoco@ms15.hinet.net
網　　址：www.psy.com.tw
駐美代表：Lisa Wu　　tel: 973 546-5845　fax: 973 546-7651
登 記 證：局版北市業字第 1372 號
電腦排版：辰皓國際出版製作有限公司
印 刷 者：東縉彩色印刷有限公司
初版一刷：2005 年 1 月

定價：新台幣 350 元　　■有著作權‧翻印必究■
ISBN 957-702-754-7

讀者意見回函卡

No. _____　　　　　　　　　　　填寫日期：　年　月　日

感謝您購買本公司出版品。為提升我們的服務品質，請惠填以下資料寄回本社【或傳真(02)2367-1457】提供我們出書、修訂及辦活動之參考。您將不定期收到本公司最新出版及活動訊息。謝謝您！

姓名：_____　　性別：1□男　2□女

職業：1□教師 2□學生 3□上班族 4□家庭主婦 5□自由業 6□其他____

學歷：1□博士 2□碩士 3□大學 4□專科 5□高中 6□國中 7□國中以下

服務單位：_____ 部門：_____ 職稱：_____

服務地址：_____ 電話：_____ 傳真：_____

住家地址：_____ 電話：_____ 傳真：_____

電子郵件地址：_____

書名：_____

一、您認為本書的優點：（可複選）

　❶□內容 ❷□文筆 ❸□校對 ❹□編排 ❺□封面 ❻□其他___

二、您認為本書需再加強的地方：（可複選）

　❶□內容 ❷□文筆 ❸□校對 ❹□編排 ❺□封面 ❻□其他____

三、您購買本書的消息來源：（請單選）

　❶□本公司 ❷□逛書局⇨_____書局 ❸□老師或親友介紹

　❹□書展⇨____書展 ❺□心理心雜誌 ❻□書評 ❼其他_____

四、您希望我們舉辦何種活動：（可複選）

　❶□作者演講 ❷□研習會 ❸□研討會 ❹□書展 ❺□其他____

五、您購買本書的原因：（可複選）

　❶□對主題感興趣 ❷□上課教材⇨課程名稱_____

　❸□舉辦活動　❹□其他_____　　　（請翻頁繼續）

廣　告　回　信
台 北 郵 局 登 記 證
台 北 廣 字 第 940 號
（免貼郵票）

 心理出版社 股份有限公司

台北市 106 和平東路一段 180 號 7 樓

TEL: (02) 2367-1490
FAX: (02) 2367-1457
EMAIL:psychoco@ms15.hinet.net

沿線對折訂好後寄回

六、您希望我們多出版何種類型的書籍

　❶□心理　❷□輔導　❸□教育　❹□社工　❺□測驗　❻□其他

七、如果您是老師，是否有撰寫教科書的計劃：□有□無

　書名／課程：＿＿＿＿＿＿＿＿＿＿＿＿＿＿＿＿＿＿＿＿＿＿＿

八、您教授／修習的課程：

上學期：＿＿＿＿＿＿＿＿＿＿＿＿＿＿＿＿＿＿＿＿＿＿＿＿＿

下學期：＿＿＿＿＿＿＿＿＿＿＿＿＿＿＿＿＿＿＿＿＿＿＿＿＿

進修班：＿＿＿＿＿＿＿＿＿＿＿＿＿＿＿＿＿＿＿＿＿＿＿＿＿

暑　假：＿＿＿＿＿＿＿＿＿＿＿＿＿＿＿＿＿＿＿＿＿＿＿＿＿

寒　假：＿＿＿＿＿＿＿＿＿＿＿＿＿＿＿＿＿＿＿＿＿＿＿＿＿

學分班：＿＿＿＿＿＿＿＿＿＿＿＿＿＿＿＿＿＿＿＿＿＿＿＿＿

九、您的其他意見

＿＿＿＿＿＿＿＿＿＿＿＿＿＿＿＿＿＿＿＿＿＿＿＿＿＿＿＿＿＿

謝謝您的指教！　　　　　　　　　　　　　　　41103